早年哪知世事艰

张玉琢　著

群众出版社
·北京·

图书在版编目（CIP）数据

早年哪知世事艰／张玉琢著．—北京：群众出版社，2016.4

ISBN 978－7－5014－5503－4

Ⅰ．①早…　Ⅱ．①张…　Ⅲ．①张玉琢—自传　Ⅳ．①K826.2

中国版本图书馆 CIP 数据核字（2016）第 046801 号

早年哪知世事艰

张玉琢　著

出版发行：群众出版社

地　　址：北京市丰台区方庄芳星园三区 15 号楼

邮政编码：100078

经　　销：新华书店

印　　刷：北京兴华昌盛印刷有限公司

版　　次：2016 年 5 月第 1 版

印　　次：2016 年 5 月第 1 次

印　　张：6.125

开　　本：880 毫米×1230 毫米　1/32

字　　数：103 千字

书　　号：ISBN 978－7－5014－5503－4

定　　价：22.00 元

网　　址：www.qzcbs.com

电子邮箱：qzcbs@sohu.com

营销中心电话：010－83903254

读者服务部电话（门市）：010－83903257

警官读者俱乐部电话（网购、邮购）：010－83903253

文艺分社电话：010－83903973

一

这天早晨，大人们已经起床忙生意。张师傅家有四个孩子，最大的只有九岁，最小的才三岁，还有一位奶奶，全家共七口人，住在青砖砌的三间正房里，房后临街，前后为百叶窗，通风、明亮。此时，四个孩子一字排开，像待哺的雏燕，趴在被窝里，露出小脑袋，静静地等待着，或者说正在专注地听一个熟悉而又诱人的声音……

“又香又甜的酥烧饼——”这位卖烧饼的老人似乎也习惯了，每次走到这家的窗口，都要停下脚步，多喊两声。清脆的叫卖声从窗口直传到每个孩子的耳边。

最小的一个先喊了起来："妈妈，卖烧饼的爷爷来了，我要吃烧饼。"

于是，妈妈给每个孩子都买了一个烧饼并送到他们手中。他们也不起床，趴在被子里吃起来。这似乎已成习惯，每天如此。

张师傅在锦州开浆洗房已多年，与周围人都很熟，勤劳又好客，多年来结交了不少朋友。在他所在的辖区，买卖人、教师、警察、日军军官等各阶层人都愿意把自己的衣服、床单、被套送来，甚至日本警察也将呢子大衣、毛毯等用品交给张师傅浆洗。有时候，张师傅还亲自登门取送衣物，尤其是呢子大衣、毛毯等。张师傅不识几个字，据说只念过三个月的书，老师去世后他就再没念书。他每次都把取回来要浆洗的衣物交给夫人，由她用针线缝好标记。夫人念过国学，所以标记起来得心应手。张师傅先将这些衣物放在一只盛有皂角水的半截缸中浸泡一段时间，然后再进行清洗，直到这些衣物被彻底洗干净——原色、透彻，布纹清晰可见。有的衣物需要浆洗后再另行加工。人们都夸张师傅干活认真，忠实可靠。那时候还没有洗衣机，全靠双手搓洗，这是实打实的力气活，一天下来总是汗流浃背。张师傅每次都把顾客的衣物洗好、浆好，有的还要熨好，再根据衣物上的标记送到顾客手中，顾客满意后才收费。为此，张师傅买了一辆好自行车，这样，走家串户取送衣物也方便多了。

每到晚上，张师傅都带上三个孩子到街上走走，散散步。三个女孩（男孩太小就待在家中）穿着小旗袍，头上扎个蓝绫结，脚上穿着发亮的小皮鞋，在广场上玩耍。有时孩子要骑车，张师傅就带她们在广场上转一圈，每人一次。有时候张师傅跟她们围成一圈踢球……临回家再买些糖果、瓜子等。左邻右舍看到打扮得这么漂亮、干净、利落的三个小姑娘无不赞叹：这三个孩子可真会“投胎”啊！长大也错不了！邻居们都称她们为“三小公主”。张师傅是个好娱乐的人，看戏、摄影、赛车等他都涉足，各种艺术照挂满墙。他还是个大孝子，隔三岔五就问母亲想吃什么，各种馅的饺子、包子、馅饼等都由他一人筹备，亲自动手做。对自己的夫人他更是关爱有加，穿的、戴的……总之，锦州城中一般中等人家夫人的穿戴他夫人都有。因此，他虽然付出多，流的汗水多，吃的苦多，但能换来全家人的幸福生活，他觉得还是值得的。

有了点儿积蓄以后，他在市郊购置了些土地并出租，也会得到一些收入。

这位“张师傅”就是我的爸爸，我是那个最小的男孩。

大姐在锦州育贤学校上学，每天背着书包，穿着海军服，一个人往返于家与学校间。有一天放学时，锦州上空突然风云骤起，瓢泼大雨随之而来，瞬间锦州的街道一片汪洋。大姐在回家的路上被雨水浇得睁不开眼睛，深一脚浅一脚地急着往家走，不知怎么跌进了街道旁的排水沟里，怎么也起不来。碰巧，一位警察经过这里，看到跌进水沟的姐姐，马上把她从水沟里拉了出来，看她身上没受伤就把她背起，送到了家门口。姐姐道了一声："谢谢叔叔。"他转身就走了。

妈妈看到女儿全身湿漉漉的却还笑着，就问："孩子，你怎么了?"

姐姐说："下大雨时不小心跌水沟里了，一位警察叔叔把我从水沟里拉出来了。"

"那警察叔叔呢?"

"他把我背到家门口就走了。"

这时，二姐过来，把大姐书包里的书和本子都拿出来。妈妈给她拿来换的衣服，又把湿衣服拿去洗。

奶奶听说大孙女在放学的路上被大雨浇得跌进水沟里了，是警察把她从水沟里拉出来的，忙过来看，问她："警察叔叔可真是个好人。吓着没有?"

"奶奶，下那么大的雨，又跌进沟里了，当时我真的挺害怕的。"

“来，让奶奶给你叫叫魂儿。”

“奶奶，我魂儿没丢，只是当时吓得不知如何是好了。”

“傻孩子，你怎么知道魂儿没丢……”

妈妈走过来，笑着说：“妈，哪有那说道。丢了的魂儿还能叫回来？那都是迷信。”

“没丢就好。”奶奶说。

全家人都笑了，奶奶也笑了起来。

二

一天夜间，家里突然来了一个不速之客。这个人大约十五六岁，手里提着一个草编的篓子，里面装着橘子，进屋就笑哈哈地叫了一声："四姨妈、四姨夫好。"

妈妈抬头一看，原来是她二姐家的大小子，忙问道："你这是从哪儿来的？"

"我是从齐齐哈尔舅舅家来的，我要回家，顺路看看四姨妈和四姨夫。"

妈妈忙起床张罗弄饭。他制止说："四姨，我在火车上已经吃饭了，您休息吧。"

爸爸在一旁说："既然吃了饭了，那就简单洗漱一下。我去给你准备被褥。”

就在大人说话间，屋里的四个孩子都趴在被子里偷看这位从未谋面的表哥。

第二天，爸爸例行去乡下收租，家中浆洗活儿暂停一下。

这位大表哥姓画，叫画福林，家在锦州东大荒农村，家里是地主。听说他整天逃学，不好好念书，不听大人的话，还爱惹事，他父亲一气之下把他赶出了家门。于是，他一个人跑到了齐齐哈尔的舅舅家。但不知为什么，时隔一年多他又回家了。

爸爸离家三天后，锦州警察局的警察来到我家，问：“孩子的爸爸哪儿去了？”

妈妈说：“他下乡了。”

“下乡干什么去了？”

“收地租去了。请问找他有什么事吗？”

警察严肃地说：“他犯事了。”

妈妈听了一愣，马上又补充问道：“他犯什么事了？”

“这个得他回来再说。”

警察在我们家房前屋后等了两三天，直到爸爸回家，警察走上前对爸爸说：“张师傅，跟我们到警察局去一趟吧。因为咱们都是熟人，就不给你戴手铐了，跟我们走一趟吧。”

爸爸反反复复地追问原因，警察只说，到警察局就知道了。

爸爸懵懵懂懂地去了警察局。那时，提审犯人在司法部门由日本人进行，不听话就拳脚相加。

事情还得从画福林从齐齐哈尔舅舅家匆匆返回自己家说起。画福林被他父亲赶出家门后，暂时到齐齐哈尔舅舅家落脚，想在这个城市找个差事做。一天，他在一个放粥的粥棚前排队，想弄一碗粥喝。放粥的老板看到一个小男孩正在排队，上前便问："你为什么站在这里领粥啊?"他说："……我一人离家出走，想在城里找个差事做以糊口。"

老板听了他的述说，感觉这个孩子挺乖巧，挺机灵，又无处落脚，因此问他："你现在成为孤儿了，没事做，生活挺艰难的，我没有儿子，只有一女，我想收你做我的儿子，你愿意吗?"

听了老板的话，他心里有说不出的高兴，于是立刻答应："我愿意做您的儿子，将来为您养老送终。"

就这样他成了这位老板的儿子。

到了老板家，他变得特别勤快，收拾家务、买粮、买油盐酱醋茶他全包下来。后来，老板把外面的一些琐事也放心地交给他去办理，他事事都办得令老板满意。老两口看在眼里，喜在心里。他们就进一步想，要是能把自己的女儿嫁给他就更放心了。

一天，他在收拾家务时无意中看见，老太太从炕琴柜底下一个隐蔽的地方取出一个金属盒子。他装作没看见，继续收拾屋子，但心中却萌发了将这个金属盒子据为已有的念头。家中无人时，他以收拾屋子为幌子，溜进老太太的房间，找到那个金属盒子，揣在怀里，迅速离开老板家。他在一个隐蔽处将盒子打开，里面有蓝宝石、绿宝石、翡翠、金戒指、金耳环，还有珍珠、玛瑙之类，他把宝石、金戒指、金耳环及现金收起来，将剩下的珍珠、玛瑙等连同金属盒子一起埋在铁道旁的雪中。雪融化后，检修铁路的工人发现了这个金属盒子，并把它送到警察局。这时，警察局已经接到失主报案，根据失主提供的线索迅速赶往画福林家，并将其缉拿归案。

法院提审画福林时，他一会儿说把偷盗的财物放在我家了，一会儿又说把东西扔掉了。

日本人指着画福林问我爸爸："他偷的东西是否藏在你家了?"

爸爸坚称："他到我家里来时就没拿什么东西，只提了一篓橘子。"

警察又反复追问画福林，他反反复复地一会儿说东西放我家了，一会儿又说丢了。

日本警察狠狠地扇了他几个嘴巴，边打边骂："巴嘎！你的良心大大地坏了！”打得他鼻子流血，最后，一脚把他踹到墙角儿。他蹲在那里一动不动……

最后，日本法官又想了一招，为了确定赃物是否在我家，让中国警察到我家把我姐姐（当时只有九岁）带到法庭上。

日本法官微笑着问姐姐：“小姑娘，我来问你，你认识他吗?”

姐姐说：“他是我表哥。”

“好的，那你看见他把什么东西放你家了吗?”

“他到我家时天已经黑了，我只看见他提着一篓橘子，再啥也没有了。”

“小姑娘，你的不要撒谎，要说实话，就可以同你爸爸一起回家了，好吗?”日本法官说着指了一下我爸爸。

姐姐仍说：“当天黑夜我看见他就提了一篓橘子，再啥都没有了。”

日本法官相信，几岁孩子是不会撒谎的，于是就让姐姐回家了，然后又问画福林：“我来问你，方才那个小姑娘的回答你可听见了？小孩子会撒谎吗？画福林，你的良心大大地坏了！”

然后，警察又是一阵拳脚相加，把他打趴在地上。

最后，爸爸被判犯“窝主罪”，蹲了九个月的大牢。一度被邻居羡慕的欢乐而幸福的张家一夜间轰然倒塌，可谓天上掉下来的灾难！

爸爸在押期间，妈妈坚持定期去探监，在监狱中每次见到爸爸都哭着说："是我家的亲属连累了你，我对不起你。"

妈妈回到家中，看到家中昔日的生机已消失得无影无踪，总是以泪洗面。爸爸在押期间，妈妈又生下了一个小弟弟。

爸爸蹲大牢后，奶奶因此而生病，在生命垂危时还念念不忘："你爸爸是被冤枉入狱的，是天上掉下来的灾难。今后这一家七八口可怎么活啊？"

妈妈因为坐月子，不能为奶奶请医生看病，九岁的姐姐因此辍学，料理家务，有时还得给奶奶请医生、买药。不久，妈妈在月子里也患上了疾病，再不能去探监。时间长了，爸爸在监狱中见不到妈妈前去探监就产生了怀疑：如果家中没重大事情，妻子是绝不会不来探监的。爸爸感到越来越不安，可身陷囹圄又无可奈何。由于家中两位大人相继生病，几个月过去后，家中的积蓄也消耗殆尽。我家在锦州城内没有亲戚，邻居和爸爸昔日的友人经常前来看望，对生病的奶奶和妈妈在精神上给予安慰，有时也接济一些，可这毕竟不是长久之计。在乡下住的姑姑、姨姨们隔三岔五地来看看，帮助打点一下家务，给奶奶、妈妈请医生，可治疗的效果甚微。就这样，数月之后，奶奶和妈妈相继离开了我们。妈妈去世时年仅三十一岁，生下的小弟弟只好送人。听姐姐说，妈妈离世前还念念不忘："是我家的亲属害得你爸爸去蹲大狱的，我很对不起你爸爸，让他受了那么多的罪，家也不像个家，人也没个人样了。罪孽啊，罪孽！"

至今我都不知道我奶奶和妈妈是得什么病死的。我母亲去世时，从乡下来的大姨夫到母亲身边，把母亲戴的金戒指、耳环都摘下来，揣在自己口袋里。据大姐讲，大姨夫摘妈妈的金耳环时不知道心慌了还是什么原因，摘了好久都摘不下来，干脆硬往下拉，把妈妈的耳朵都划破了才把耳环摘下来，并迅速揣进自己的口袋里。姐姐对我说："母亲去世时还搂着睡觉的你，用一只手紧紧地握住你的手腕不放。大姨夫让我拉你的胳膊，但也未能从母亲手中拉出你的手腕。"后来，大姨夫将母亲紧握的手指一个个掰开，才把我的手腕从母亲手中拉出来。看来母亲去世时不愿意丢下我，可能是因为我最小，一是怕我被送人，二是怕我遭罪。

爸爸刑满回到家，刚一迈进门槛，就看到四个孩子都穿着孝衫，戴着孝帽，屋里屋外一片狼藉，炕上、地上都是弄脏了的被褥。此时，正是入夏季节，不仅气味难闻，苍蝇也到处肆虐。看到奶奶、妈妈都没了，爸爸心如刀绞，悲痛油然而生，潸然泪下。孩子们都怔怔地看着爸爸。此时，也顾不得再流泪和悲伤，爸爸擦干了眼泪，开始收拾残局：将炕上、地上的被褥、床单等都收拾到一起，放在昔日浆洗衣物的半截缸内浸泡片刻，顾不上休息，开始洗涤、晾晒。把屋里屋外打扫一遍后，爸爸归拢好物品，上街买了些药水，喷洒在室内外，以杀灭蚊蝇。他给孩子们做好饭菜后，让孩子们吃饭，然后独自一人躲在背地里大哭起来。他想，可怜的妈妈及妻子死前竟然连我的面都未见到，我受了九个月的牢狱之苦竟然没了三位亲人！孩子们还都这么小，最小的还没到四岁，最大的也不足十岁，今后该如何生活？

三

残酷现实的突然降临让这位四十岁出头的人有些措手不及，他再次擦干眼泪。浆洗房是开不成了，可带这么多孩子，又都这么小，还能干什么呢？如何谋生？经过几天的深思熟虑，他决定把我大姐送给大姨家暂时抚养，自己带剩下的三个孩子进锦州纺织厂。这个厂子是日本人开设的。他带着我们姐弟三人在锦州纺织厂附近租了间房子住下，自己的房产怎么处理根本没有打算。他白天带着三个孩子一起进工厂，当时二姐不满十岁，三姐不满七岁，我四岁。到了厂内，根据情况，爸爸做了修理织布机的“立柱工”，二姐、三姐年纪小，就在厂内接线头，我什么都不会，白天就在爸爸、姐姐身边玩耍。我们在厂内吃午饭，每当开午饭时，厨师就站在一个大锅台上，两只手握着一个长长的勺把，将煮熟的小米粥从锅中盛一勺，看谁的碗举得高就往谁的碗里扣。有时厨师的勺子扣偏了，里一半外一半的小米粥洒到孩子的头上，那被烫的孩子就边跑边哭。因为吃饭的人多也没秩序，大家互相挤着往高处举碗，都想抢上一勺小米粥，因此烫人是难免的。这种所谓的小米粥吃起来霉味呛鼻，小米中沙子又多，都不敢闭牙，只能囫囵吞下去。菜是咸萝卜条，又苦又咸，有的萝卜条上都能看见长出的白毛，总之，根本就不是人吃的饭。

晚上下班很晚。有时天黑了，我困得不行就在爸爸的工作台下蹉着睡着了。有一次，我那只有六七岁的三姐在接线头时，看见日本监工巡视走过后，趴在桌子上就睡着了。只有六七岁的孩子也没有什么时间概念，她正在熟睡时被日本人发现了。日本人揪着三姐的头发把她拉到水龙头下，打开水龙头，用冷水冲得她满头满脸都是水，还不许她擦，让她回去接着干活。有的日本人发现有人睡觉，不由分说，手执蛇样皮鞭就往工人的后背上狠抽。沉睡中的工人常被抽得跳起来，也不敢吱声，更不敢哭，只能继续忍痛干活。

冬天，由于没钱买煤取暖，在租住的小屋内，满屋可见冰霜，似乎进入了“冰雪世界”。夜间，被褥都被冻在窗台下面，拉都拉不下来。不久，家里仅有的被褥还被小偷偷走了。吃不饱是常有的事，我们经常去发电厂捡煤核儿，自己舍不得取暖用而是卖给饭馆。饭馆焖饭时，锅上的锅巴他们不要，我们就拿回家用水泡后再做粥。总之，当时我们既吃不饱饭还要挨冻。时间长了，爸爸感到生活太艰难了，就忍痛把我二姐送到老姑家，不久又把三姐送到二姑家，然后把我送到大姐家（此时大姐已结婚）。大姐家有一位奶奶婆婆（大姐的婆婆在锦州当保姆）横竖容不下我，过了不久，姐姐带着一斗高粱米来到大姨家，希望大姨能收留我。大姐把我送到大姨家，可是大姐前脚刚走出大姨家，我随后就紧跟大姐走，不愿意待在那里（当初妈妈去世时大姨夫硬摘妈妈的金耳环，把妈妈的耳朵划破了）。大姐没招，就在青纱帐里跟我捉迷藏。我在密密的高粱棵里，边四处钻边喊：“姐姐，姐姐……”大姐就在高粱地另一头哭，最后，还是把我带回姐姐家才算完事。但终究我还是待不下，爸爸无奈又把我送到了二姑家。

当时，三姐在二姑家做家务，我每天给二姑家放猪，可不久后三姐到十四岁就被嫁出去了。只剩我一个人每天赶着三头猪去野外放牧（二姑在当地是比较富裕的），到了晚上赶着猪回家。有时放牧累了我就就地睡一会儿，猪就吃野草或拱草根吃。它们很爱吃这里的野草，偶尔也会钻进附近的豆子地里，把豆荚及豆秧给吃了。看地人发现后马上回村向姑姑通报，晚上我放猪回家，轻则挨一顿骂，重则挨打还不给饭吃。有时几头猪专往庄稼地里钻。草甸子周围都是庄稼地，三头猪到处钻，使我顾得了东顾不了西。猪跑得又快，有时我根本追不上它们，一会儿这头猪钻进苞米地里，一会儿那头猪钻进谷子地里，要不就在花生地里或地瓜地里拱起来没完。有时自己根本跑不过猪，只能跟在猪后哭喊。所幸的是并非总会碰到看庄稼的人，但有时也不知道人家从哪块地里出来，看到你的猪进他的地里，那就是一场灾难。让人家发现了，为了避免晚上那一劫，我就给人家下跪，哀求人家千万别告诉家人。他们也常常大发慈悲，我就免遭晚上那一劫。二姑是村里的富裕户，也不差我这一口饭，可不知为什么，我总是边吃饭边看着姑夫及姑姑的脸色，明明要吃两碗才饱就愣是吃一碗或一碗半就放下筷子了，唯恐人家生气。当时我正在成长发育阶段，而且每天要跟着三头猪到处跑，吃的那点儿饭根本就“入不敷出”，时间长了，我饿得就像干瘦的“小老头”。

有一天夜里，我饿得实在睡不着觉，忍不住趁两位老人熟睡，悄悄地披上衣服，蹑手蹑脚地走进厨房，想偷口饭吃。黑灯瞎火的，没想到把碗柜里的碗碰掉在地上，“啪”的一声响，把熟睡的二老给惊醒了。我知道，饭没吃着又要大祸临头。被惊醒的二姑父走进厨房，冷冷地笑着，提着我耳朵把我从厨房一直拉到屋里，上去一脚把我踹倒在炕沿根地上，然后用皮带抽我，打得我满地翻滚，他直到打累了也出气了才住手。

逢年过节，他们老两口都去锦州城过节，丢下我一个人在一个空荡荡的大房子里。天很冷，我就把做饭烧剩下的火从灶炕里扒出来，盛在火盆里，手冻麻了就烤一烤。自己吃的多数为咸萝卜、咸黄瓜。到年三十这一天，家家户户基本都能吃到鱼、肉、豆包、饺子。可是，姑姑去锦州城过春节，这些年货都免了，连过年的肉都没留下。在年三十晚上，村里好心的周爷爷给我送来一块儿肉，我却不知该怎么做，但看到这块儿肉，当时也挺兴奋的。无奈，我切下一块儿放在火盆中烧热的铁铲子上，烙得半生不熟的吃，总算尝到肉味了。由于长时间吃不饱，营养不良，在外人看来，我只剩皮包骨了；整天蓬头垢面，头发及全身衣服里的虱子都滚成团了，可见我生命十分顽强……

忘了是哪年哪月哪日，正当我一人坐在门槛儿上晒太阳，一位“不速之客”走到姑姑家门口。

我站起来，两只手把着门框说：“我不认识你，你不能进屋。”

这位客人停住脚步，开始仔细端详我。

我也不知他在想什么，也毫不客气地瞪着眼睛看他，心想，这位不速之客不会也像当年画福林到我家那样给这个家带来灭顶之灾吧？

“孩子，咱们进屋说好吗？”说着他要跨进门槛儿。

“不行！就是不行！”我用全身力气推他。

最后，这位不速之客实在没法，就问我：“你莫非是‘宝成’（这是我的乳名）吧？”这一声把我叫愣住了。自从我离开锦州还没有人叫过我的乳名呢。

我停止推他并反问一句：“你到底是谁？我怎么不认识你？”

“你真的是宝成吗？”

“是啊，你要干什么？”我半信半疑地放下双手。

他看着“脱了相”的我，把我搂在怀里，潸然泪下：“我是你爸爸啊！”

当时，我哽咽了，心想，爸爸再不来恐怕也就没有再见面的机会了，因此忍不住说：“爸爸，你怎么才来？”我不住地往肚子里咽着泪水。当时真的是又喜又悲。

二姑此时嘴上叼着支长长的烟袋串门回来。

爸爸见到二姑后只说了一句：“我真没想到，我的亲妹妹竟如此对待我的孩子！”说完就把我带走了。

爸爸把我带回了锦州。爸爸现在给一家洋服店的老板做饭。一天，一位大夫到洋服店做衣服，发现我干瘦，肚子却挺大的，对我爸爸说："这是你的孩子吧？这孩子肚里有病，得赶紧治了。"

爸爸问："请问先生该如何治？"

"这样吧，我是医生，来，让我把一下脉。"他把完脉后说，"这样吧，我给你开几服药，你去买来给孩子煎服，我估计会治好这病的。"

爸爸忙说："那太好了，谢谢医生。"

爸爸按照医生开的药方，到药房买来药给我按时煎服。据爸爸说，服了这药后我排出了好多带有油样的粪便，服了一周药后，"大肚蝈蝈"样的肚子终于消失了，我身上也开始长膘了，逐渐恢复了孩子的面貌。

我二姐被寄养在老姑家，虽然整天忙于喂猪、打扫庭院、洗衣服、做饭等家务，可二姐总是能吃上饱饭的，有好吃的也能同老姑家人一起吃。因此，我们姐弟四人中二姐是最幸运的，到了十五岁也嫁出去了。

在锦州洋服店工作一段时间后，爸爸又通过亲属把我们引荐到黑龙江省林甸县珰奈村的一个翟姓人家，开始给他们捕鱼。

这是个方圆几十平方公里的湿地，两条河在这里滞流成湖，演变为大片湿地，其副业可谓多多。由北向南缓缓流动的河里生长着繁茂的芦苇、蒲棒，形成了一条巨大的绿色飘带，随着微风的吹拂如同起伏的波涛，发出轻轻的沙沙声。在绿色的波涛下繁衍、生长着各种鱼类，鲤鱼、鲫鱼、黑鱼、狗鱼、鲶鱼、嘎牙鱼等河鱼应有尽有。在这条河上拦腰筑起了一条东西走向的“亮墙子”，如同拦河的“小堤坝”，方便两岸居民往来，但是，主人真正的意图不在于此。踏上“亮墙子”，可见它是由水草坯垒起的，这种水草坯很坚固，水冲不垮，主要是为河水中游经这里的鱼筑起的专用通道。在这条横跨东西的“亮墙子”中间有两三个豁口，供河水流向下游。在每一个豁口的下游紧贴“亮墙子”的是一个用柳条编成的大鱼囤，沉在河底，其上方像一个瓶颈的开口露出水面。在正对着豁口处的鱼囤旁也有一个开口对着流向下游的河水，是用柳条编成的环形口子，其末端的柳条尖儿在鱼囤内相互交错，河水只能通过这豁口和鱼囤旁这个相对的开口流向下游。这样，河水中的鱼也只能由这个通道游向下游而进入这个鱼囤中，但要返回就不可能了，这样用不了多久鱼囤里的鱼量就相当可观了。尤其在夜间，“亮墙子”上行人少了，很安静，通过豁口往下游去的鱼多了。捕鱼的人半夜起来，划着小船到鱼囤旁捞鱼。只见鱼囤内各种鱼上下翻滚，有的还跃出水面发出噼啪声，因为鱼囤上面呈瓶颈状（供捞鱼用），鱼是跃不到外面的，于是：

午夜时分
月光如洗
河水潺潺
桨儿轻起慢落
唯恐打破四周宁静
小船拨开芦苇
划破平静水面
留下水花儿串串
船儿停靠鱼囤旁
囤中鱼儿上下跃出水面
噼啪响声阵阵
“搅捞”在鱼囤中起落
不一会儿，船舱里
鲤鱼、鲫鱼、狗鱼、黑鱼
鲶鱼、嘎牙鱼……
样样俱全
船儿满载归
笑语满河流……

不久，我同父亲又转产搞起了“制碱业”。距河岸不远处，在一处高地上有一栋小屋（均为翟家建起的），这就是制碱所在地，我同父亲就住在这座孤零零的建筑里。

这里烧柴是不成问题的，它也是熬碱所必需的物资。沿河岸不远的地方可以看到一片片细高的密密的碱草，在微风吹动下如同滚动的波浪。走近了看，可发现在这片碱草地上还有一片片不毛之地，地表上鼓起一个个小包儿，呈棕褐色，拾起一小片，用手指一捻就成了粉末，尝一下是苦涩味，原来这就是原始的碱面。我同父亲每天吃完早饭，带上干粮、咸菜或咸鱼干（从小河中经常能捞到肥大的泥鳅，此时泥鳅一肚子子，我们把它制成咸鱼干煎好，带到劳动场地）作为午餐菜。在双轮车内装上扫帚、木锨等劳动工具。我们把碱片用扫帚或木锨轻轻地收集到一起，堆成一座座“小山”，一直干到中午，然后席地而坐，边吃午饭边听着云雀在云层下奋飞高歌。阵阵微风吹来，驱赶着密集的绿草，荡起层层微波，在阳光下闪闪发亮。

在空旷的原野上
我躺在
厚厚的绿绒毯上
微风吹拂
湛蓝天空
飘浮几朵洁白云团
云雀在白云下
振翅飞啊，飞

撒下一个个清脆动听的音符
看，它就在
你仰望的高空上
像发现寻找的目标
传递出留恋信号
我的眸子被牵住了
温馨、陶醉
我进入了沉沉的梦乡……

当我醒来时父亲已经开始劳动了。到了晚上，我们把碱土装了满满一车，回家后，往大铁锅内倒上水，再把碱土倒入锅中，点火加热，搅动锅内的碱土，使碱完全溶解在水中，最后把锅内沉淀后的碱水装在一个个瓦盆内。次日清晨，一盆盆白白的纯碱坨应运而生。同一锅碱凝结成的碱坨的质量却分为一、二、三等。城里人定时前来收购。

为了解决吃菜问题，我同父亲在土山包下开垦了一片菜地，种上白菜、萝卜、土豆、豆角、茄子、西红柿、辣椒等，有时也种些香瓜、西瓜。瓜果、蔬菜成熟时，野兽常来光顾，尤其是西瓜、香瓜，它们常常咬破一个觉得不甜再咬下一个，直到吃到甜瓜并且装满肚子才罢休。我们就在夜间定时看守或在瓜地两头点火吓唬野兽，这样还能留下一些瓜果。

…………

回顾母亲去世后的这些生活经历，都不是孩子们所左右得了的事情，但有些事情回顾起来不禁要说一句：奶奶、母亲相继离开了我们，大家都很悲痛，谁都不愿意看到这一切。父亲离开锦州后去各地谋生，也未给这个家带来富裕生活，相反，几个孩子寄养在亲戚家，结果也被这些亲戚一个个早早地给嫁了出去，唯一的一个男孩儿还差点儿搭上了性命。如果母亲去世后我们不离开锦州，就凭已在锦州谋生了多年，凭在那里有自己的房产，有多年事业的基础，周围虽然没有亲属，可毕竟还有人脉，因此，这里占有天时、地利、人和，不怕生活没保障。父亲当年仅仅四十岁出头，也不怕找不到女人，至于说怕找了“后妈”孩子受虐待，这就看你找什么样的女人了，偌大个锦州（当时为辽西省会城市）好女人还是多数的。再者，你把这些孩子都寄养在亲戚家，他们对你子女的态度也不见得比“后妈”好多少。所有这些不禁令人置疑：当时有那么好的条件，为什么还要离开锦州城，去到处流浪？

四

有一天，我同父亲来到我们原来捕鱼时住的窝棚，看到几个人正在收拾鱼，准备用河水炖鱼（原汤炖鱼特鲜），我同父亲便过去帮忙。正在这时，从“亮墙子”上走过来一个人，他是我们珰奈村小学的教师，看到我就问父亲：“这是你的孩子吗？”

“对，是我的孩子。”

“没上学吧？”

“没上学，跟我干活呢。”

“这么大孩子正是念书的时候，怎么不让他上学呢？”

父亲没有回答。

“这样吧，让这孩子跟我去珰奈村小学念书吧，别影响孩子的前途。”

我父亲听后马上答应了。这位就是任老师，是他把我领进了校门，是他把我引上求学之路，这也成了我人生中的重大转折。我至今仍不能忘怀这位任老师的“开导之恩”。

我一入学便上三年级，因为经过以前的蹉跎岁月，我已经是超龄入学了。白天，父亲一人扫碱土，晚上我放学回家，完成当天作业后就帮助父亲熬碱。由于长时间接触碱水，我们双手裂开了一道道口子，碱水浸入伤口，火烧样疼痛。

初小四年级毕业后，因为本校未设高小班，我就到离本村较远的烟筒屯小学就读。这里有高小班，还有火车站呢，可以从这里乘火车直达齐齐哈尔。不知为什么齐齐哈尔对我有强大的吸引力，也许是因为那里是妈妈的家吧。因为这所学校离家远，我只好住校。每年父亲都要把柴米送到学校，学校有做饭的师傅。住校期间我自己动手缝补衣物、拆洗被褥。其实对于没有娘的孩子来说，这些活早就开始了。

我在这所小学读了两年高小，其间还加入了少先队，戴上了鲜艳的红领巾，一种从未有过的欢欣滋润着我，因此，我在个人行为上也更加自觉了，时时刻刻严格要求自己。但是，男孩儿好奇和顽皮的天性有时不自觉地流露出来。有一件事儿至今我还铭记在心。我们学校的校长名叫郭园田，是一位山东籍的老校长，当时大约五十岁，兼教我们音乐课。有一首歌曲的名字叫《我们的祖国是花园》，其中有一句歌词："我们的祖国是花园，花园里的百灵鸟歌连天……"在上音乐课时，唱着唱着，也可能是"歌连天"同"郭园田"谐音，就不知不觉地给联系在一起了，因此我就唱成了"我们的祖国是花园，花园里的百灵鸟'郭园田'……"下课后，我把这句改过的歌词唱给同学听。同学们听后都笑得前仰后合："怎么，我们的校长成了百灵鸟了？"于是，无论是男同学还是女同学唱这首歌时就都唱成"花园里的百灵鸟'郭园田'"，边唱边笑。不久，这种改歌词的唱法就传到了郭园田校长的耳朵里，开始老校长也感到很好笑，心想，是哪位学生这么淘气，竟拿我的名字开玩笑？最后，老校长还是查到我头上了，于是，把我叫到校长办公室，十分严肃地批评我说："你挺会篡改歌词的啊，竟把我的名字也编到歌词里了！谁教你这么做的？拿我取乐是不？我的年纪比你家长都大，况且我还是校长，我怎么成了百灵鸟了？你可真胆大！你还配戴你胸前的红领巾吗？"当时这一连串的批评令我无地自容。我站在校长面前，把头低得很低，生怕看到校长生气的脸色和那双生气的眼睛，我垂着双手，纹丝不动。

校长批评完后反问我："你的错误以后能改不？"

听到校长问这句话我马上接过说："校长，我知错了，以后我一定能改。"

校长又看了我一会儿，可能念我是初犯，也就没再深究，说了声："回去吧。"

我赶紧走出校长办公室，深深地吸了口气。大队长得知此事，警告我说："如果再有类似事情就开除你队籍！你听见没有？"

"听见了。"我小声回答。

1950 年，抗美援朝战争爆发了，同时美帝国主义的"细菌战"也相继开始了。1952 年初春，我们小学生利用课余时间到郊外河边的草丛、树林里，捉各种美帝国主义用飞机撒下的带有细菌的昆虫——苍蝇、臭虫及各种甲壳虫等。我们排着队，边走边唱：

美帝国主义万恶滔天
它临到死亡的边缘
胆敢对中朝人民进行细菌战
美帝国主义万恶滔天
我们为了人类的尊严

坚决消灭万恶的“细菌战”
消灭它——
消灭它，消灭它
消灭细菌战
捉拿细菌战犯
全中国、全世界的人民
一起动员——
一起动员

当时，正值初春，一些小甲壳虫也开始出来活动。可是同学们分不出哪些是美帝飞机撒下的带细菌的昆虫，于是，一律捉住，每次捉到昆虫时还要加一句：“让它和它的跳蚤、苍蝇一起完蛋！”大家边唱边细心寻找。因为是初春，北方还很冷，刚刚复苏的甲壳虫还没能力逃跑，所以我们一抓一个准（用干树枝夹住它们，然后放在瓶子里盖上盖拧紧）。大家当时也挺害怕传染上病的。此时即使有些昆虫，数量也不多，可是，也正是因为这些昆虫数量不多，才让人怀疑是美帝撒下的细菌昆虫，因此也是最可怕的。

在烟筒屯的两年高小生活也很快过去了，回忆那两年的学习，我似乎比在初小那四年又增加了些知识，长了不少见识。当然，在高小的那两年，在思想上最大的收获就是成为了新中国的少先队员，成为了新中国共产主义接班人。

后来，到了考初中的关键时刻。我们小学考初中一般要到本县林甸县城参加升学考试，可我想去齐齐哈尔市（当时是黑龙江省省会，哈尔滨那时是松花江省省会），因为那里是姥姥家的所在地，也是妈妈的老家，因此我想到那里参加升学考试。我小学六年全是在农村念的，要是在本县城考初中录取率比较高，而要去省城参加升学考试录取率比较低，压力也比较大，完全有可能落榜。但是，最后我还是选择去齐齐哈尔市参加升学考试，因为我三岁就失去了母亲，这些年来，孤独一直伴随着我，如此好像有些依靠了。当时是1953年。

如今我还记得考试前的那种紧张情绪。考试当天，我三哥（我舅舅的三儿子）骑自行车带我到了齐齐哈尔市一中考场。进入考场时我还有些不适应，静静地坐了一会儿。当试题发到自己桌子上时，我好像忽然变得平静了，尽管一些试题也费了些思考，但所有试题都能逐一做出解答，并按时完成了答卷。我走出考场时，三哥还在外面等着我，问我："试题难吗？"当时我也答出来了，只说："都答完了。"

三哥笑了一下，又骑车把我带回家。

发榜的那天，校方把录取学生的名单都写在一张张红纸上，贴在一中校外的墙壁上（正值学校放假）。看榜的人很多，我紧张地看红纸上的名字时心在怦怦地跳。看到第四张红纸上有自己的名字时，我兴奋地指给三哥看。三哥为我能考上中学高兴，并赞扬我：“争气!”

就这样，我被分配到齐齐哈尔市三中就读，住在舅舅家里，成为走读生。

上学时，我每天早晨吃完早饭就赶快收拾书包上学。从舅舅家走到齐齐哈尔市三中要走三四十分钟。我还记得，当时舅舅在市内赶马车给一个单位拉煤，舅妈也做零活赚钱，家中只有四哥还没有成家，而四哥是齐齐哈尔市铁路中学教师，还有两个妹妹和我的姥爷，一家人生活得无忧无虑。

我在上学的路上，有时遇见舅舅。舅舅赶着马车，坐在车辕上，双腿自然下垂，边吆喝着牲口边摆动着小腿，很是轻松自在。我高兴地向舅舅打招呼，舅舅笑了笑，继续吆喝牲口前行。有一次，我偶然碰见舅舅边赶车边吃着一串糖葫芦，舅舅见到我就把糖葫芦递给我。我也不客气，接过糖葫芦，背着书包边走边吃（舅舅最爱吃酸甜食物）。晚上回家吃完晚饭，舅舅还要拿起琴，弹上一曲《苏武牧羊》，听起来很有韵味。有时，舅舅从齐齐哈尔的“大鱼市”买些鲤鱼、鲫鱼、黑鱼、鲶鱼等带回家炖着吃，这些鱼的味道都十分鲜美。

到了暑假，我就帮助舅妈去市场卖香瓜，舅妈过秤我收钱。可过了一段时间，我也不知为什么，舅妈跟舅舅总吵架，我在一旁吓得直哭（舅舅可真打舅妈）。舅妈看到我哭竟对我说："别在一旁'上洋劲'！"我不理解，心想，怎么叫"上洋劲"啊？后来我终于明白，是因为我在她家她才同舅舅打架的。就这样，我离开了舅舅家，成为住校生。那时，我父亲在齐齐哈尔市荣誉军人（当时从朝鲜战场上因伤残回国的军人）学校做厨师。当时在齐齐哈尔市内没有什么工作的人还可以移民去新疆。舅妈听到这个消息，马上去派出所给父亲登记上了，后来因为父亲在齐齐哈尔市内有工作未能移民。看来舅妈是要让我们从齐齐哈尔市彻底离开，远远地离开他们……

当我走进中学校门时，这里的一切都令我感到新奇，大开眼界，而这里所展示的一切都在鼓舞着我，使我对于新的学习阶段产生了浓厚的兴趣。在这里所学的科学知识就像绵绵的细雨，悄无声息地滋润着我的心田，我开始描绘知识的蓝图。在学习有关植物知识时，我们就同当时的植物学大师米丘林和李森科等著名科学家联系起来，他们就是在科学实践中获得巨大成功的。喜欢效仿也是那一代青年学生的一大特点，于是，我们也跟着学以致用，将学到的理论付诸实践。

学校老师鼓励学生多实践，在校园的一处空地上为学生们辟出了一块学生课外“植物实验园”，栽培些果树、蔬菜，像苹果、梨、樱桃、野山丁、西红柿、马铃薯之类，供同学们授粉、嫁接实验用。在课余时间，植物学小组的同学们都认真、仔细地按照从书本上学到的理论和规定的操作程序去做，当然也都企盼着自己能亲手授粉、嫁接并获得成功。植物园中还有气象观测站。在植物园内，各小组都认真地忙碌在果枝、花朵前，如同忙碌的蜜蜂。比如将同科属的西红柿枝芽嫁接在马铃薯的枝条上，它们的株型、叶片十分相似，因此同学们产生了浓厚的兴趣，都想自己亲自动手实践一番。虽然它们都是相同科属的，存在一定的理论根据，可当时并没有这样嫁接的先例，也没有这样的实践。把它们嫁接到一起，希望在同一植株上，在枝条上结出西红柿，在其根部结出马铃薯，如果能成功，在同一植株上就可以获得两种果实，岂不美哉！通过这些实验可以不断激发起学生学习科学的兴趣，这对于处于启蒙期的学生来说是十分重要的。

在上理化课时，老师边讲理论边介绍一些著名科学家的科学试验成功的经验，如在理化方面卓有成效的俄罗斯科学之父罗蒙诺索夫就是个典型的例子。同学们听了，十分羡慕这位科学家。在这些科学家的诞辰日，学校还举办了他们的“生平事迹和科学成就报告会”，同学们都踊跃参加。学校还组织课外化学、物理实验小组，备齐应有的仪器、试剂，让同学们自己动手做实验。在物理课讲授无线电的有关知识时，有一个同学很感兴趣，想根据有关理论自己动手组装一部“小型收发报机”。他到书店买了些参考书，然后又到电子市场买了些旧的电子原部件和一些材料，自己动手组装（由于经济条件限制）。除了上课学习还要等课外作业完成后才能做这些工作，如自己动手缠无线电线圈，这既费时又费事。因此他每天晚上都很晚才休息。因为当时家里没有电灯，点蜡烛太费钱，他就在修鞋店拾些被削下的胶皮条拿回家做照明用。经过不懈努力，他的“小型收发报机”终于组装成功，经调试也如愿以偿可以使用，虽然发射的距离并不远，可这些原理经过实际验证是完善的。当时我也为这位同学欢呼祝贺！他就是我们班的单敏学同学。为了向他表示祝贺，我还特意赠给他一包蜡烛，并赋诗一首：

知识如同百花园
粉香引来群蜂争
满载花粉心中喜
辛勤酿蜜定成功

不但在上理化课时老师要为同学们精心安排课内课外周密的教学计划，上古文学课时，如在课堂上背诵古诗词，老师也颇费心机，因为有时同学们感到学古诗词枯燥乏味，提不起兴趣。如何使同学们对古诗词产生兴趣呢？给我们讲古诗词的老师四十多岁，外表给人一种怪里怪气又文绉绉的感觉，体态较瘦，穿着一身较宽松的深灰色中山装，长着一头随意的短发，戴着一副金边眼镜。他在课堂上背古诗词时，总是手握着书本，双手倒背，二目直视前方，口里一字一板，抑扬顿挫，尾音拖得较长，缓缓地迈着方步，在教室里走来走去。所以，同学们听他讲课时都集中精力。除了细致入微的解释，老师讲课时还加上有趣的注解。如宋朝爱国词人辛弃疾在词中写道：

郁孤台下清江水
中间多少行人泪
西北望长安
可怜无数山
青山遮不住
毕竟东流去
江晚正愁余
山深闻鹧鸪

老师在课堂上讲道："这首词描写了人民对朝廷统治的不满，而最后一句'江晚正愁余，山深闻鹧鸪'，是说词人在悲愤之余却听到了鹧鸪的叫声：'哥哥，行不得也。'它似乎在提醒词人：请息怒，更不要盲动。"同学们听完老师的解释后都忍不住笑了起来。这笑声无意中使同学们加深了对古诗词内容的理解，同时也增强了记忆，进而对古诗词也产生了兴趣。

有时，这位老师又很幽默，在讲解唐朝诗人李白的《登金陵凤凰台》时，老师让一位女同学站起来背诵这首诗，她背诵道："凤凰台上凤凰游，凤去台空江自流。吴宫花草埋幽径，晋代衣冠成古丘。三山半落青天外，二水中分白鹭洲。总为浮云能蔽日，长安不见使我愁。"

老师听后立即接着问道："长安不见使谁愁？"

"长安不见使我愁。"女同学回答。

老师紧接着又问一句："谁愁？"

"我愁。"女同学回答。

于是引起了同学们的一片笑声。

邻座的同学马上小声提示："长安不见使人愁，不是'使我愁'。"

这位同学马上更正说："长安不见使人愁。"说完，她也感到很可笑，便用双手捂着自己的脸。

老师微笑着说："请坐下吧，我忧国忧民的学生。"

教室里又响起一阵笑声。

每当有重大活动，如“五一”、“十一”举办游行庆祝活动时，我们三中的美术老师专门负责画领袖画像，他也是全市唯一被授权画领袖像的人。一些爱好绘画的同学画的人物像活灵活现，有一名男同学画的古代妇女，云鬓轻挽，长发及腰，飘逸的服饰，惟妙惟肖地呈现在眼前。课间，同学们都去操场活动，他用粉笔在黑板上很快就勾勒出一幅亮丽的图画，同学们看了无不竖起拇指赞扬。市内各大影院上映新片的宣传画都请他去画，巨大的宣传画挂在影院正门上方，观众经常驻足观看。

学校经常在课余时间举办歌咏比赛，其中给我留下深刻印象的是那首延边朝鲜族歌曲，歌中唱道：

松花江畔
长白山旁
绿油油的稻田呀
这里是咱们的黄金土地
茂密的青松
成群的鱼儿
肥壮的秧苗
咱们心欢喜
努力来劳动

欢颜和笑语
愉快的生活呀
感谢咱毛主席

这首歌由一位朝鲜族小男孩演唱，音调清晰，韵味柔和，表情自然，表达出了深刻的内涵及对毛主席的亲切感情。

不仅学生们的课外活动丰富多彩，老师们有时也利用周六的晚上进行文娱活动。几位爱好二胡演奏的老师经常聚在学校门卫室里，操起二胡，定好曲调，还有竹笛及木鱼伴奏，自娱自乐地演奏《银蛇狂舞曲》。乐曲有时高亢有时低沉，顿挫有序，竹笛、木鱼更是有板有眼地合着节拍，十分动听，在校的同学们经常前来围观，驻足倾听。

总之，中学的学习和生活使我体会到了学生时代那生机勃勃的活力，有利于增长学生们的知识和才干。我们努力学习，善于思考，勤于实践，老师们很爱岗敬业并有培养学生的担当精神。那时，国家并不富裕，百废待兴，人民的生活还比较拮据，但是，我们的精神却都是那么充实、富有。

我在齐齐哈尔市三中读书期间，父亲在齐齐哈尔市荣誉军人学校即“荣校”做厨师。在新中国成立之初，美帝国主义趁共产党所领导的新中国国力贫弱，发动了侵朝战争。朝鲜同中国唇齿相依，唇亡齿寒的道理是不言而喻的。美帝国主义威胁中国的安全，企图把新中国扼杀在摇篮中。中国政府不得不横下一条心："打了再建设!""荣校"的学员都是五十年代初参加抗美援朝在前线负伤的将士，他们有的被美帝飞机炸掉上肢、下肢，有的被炸碎了颅骨或被炸瞎眼睛。听他们讲述当年战争的激烈和残酷之后，我对他们肃然起敬。今天，当地政府为他们提供最高标准的伙食及文化娱乐活动也是理所当然的。现在，朝鲜半岛的形势依然复杂，中国政府一再声明：中国不允许朝鲜半岛生乱、生战。

我父亲在"荣校"工作了两年，然后被调到了哈尔滨东北第二建筑公司工作。每年放寒、暑假时，我都从齐齐哈尔去哈尔滨，因此有机会领略哈尔滨五十年代初的迷人风光。

夏天，每逢周六晚上，父亲都带我乘电车，观赏哈尔滨的夜景，去道外十二街看京剧《猎虎计》和河北梆子《蝴蝶杯》。晚上九十点钟，看完演出后，我们再乘电车到水都电影院附近，走进馄饨馆，每人吃一大碗热乎乎的馄饨，吃完后再喝一大杯哈尔滨啤酒。酒足饭饱后，我同父亲乘电车回到建筑公司宿舍休息。

列宁领导的"十月革命"推翻了沙皇统治，建立了红色苏维埃政权，一部分苏联人迁居至哈尔滨，哈尔滨的俄语意即“晒渔网的地方”，并由此发展起来。这些苏联人迁居这里后，哈尔滨的民风、民俗发生了很大的变化，从城市的建筑风格到生活习惯、出行、娱乐、人文等无所不包，因此欧式之风吹遍哈尔滨的各个角落，就这样，一座中国城市被欧式化了。这对于新中国成立初期的中国人也产生一定的影响，生活方式、生活习惯也在悄然地改变着。在五十年代初，哈尔滨这座美丽的城市就已经被称为“东方的莫斯科”。各式尖顶的塔楼，一座座俄式的小洋房多为独门独院，房前有果树，屋后却是没膝深的杂草，这一点与中国式的庭院中不能长一棵草而且要扫得干干净净是截然不同的。随着影响深人，当地居民在饮食上也发生了变化，每家都有做面包的烤炉。那时（五十年代初），当地居民对面包感到新鲜，想吃面包要去秋林公司买。后来，在哈尔滨“道里”出现了“面包胡同”，在松花江岸上建成了“斯大林公园”，甚至在南岗公园的每一根铁栅栏上都有十字架；电影院中也经常放映苏联影片《列宁在1918》《斯大林格勒大雪战》，还有歌剧院演出柴可夫斯基的《天鹅湖》等著名的芭蕾舞剧；星罗棋布的“喇嘛台”是供苏联人死后做祈祷用的，在哈尔滨北部有专供苏联人埋葬的地方，当地人称之为“毛子坟”。总之，苏联人习惯的方方面面在哈尔滨随处可见。

同苏联人相比，当地居民的穿着也不落伍，尤其在冬天，人们穿戴着各种套装、披肩、围巾、厚厚的毛线帽、暖融融的长筒皮靴和毛手套，完全可以抵御严寒。清晨，站台上候车的人用厚厚的帽檐儿遮住前额，再用围巾围住口鼻，这一围一遮，只剩下一条长缝隙留给双眼，由口鼻喷出的冰霜凝结在围巾的绒毛上，凝结在眉毛和睫毛上，如同一个雪人，在晨光下闪烁……

冬天，滑雪、溜冰是哈尔滨很常见的健身运动，几乎每所中学都有溜冰场，四百米跑道上，穿着赛刀冰鞋的人一个紧跟着一个，飞速滑过冰面。溜冰场内，穿着"花样冰鞋"的人在冰面上变换着各式花样，如同矫捷的飞燕。电影《冰上姊妹》就是在哈尔滨八区溜冰场拍摄的。

当时，哈尔滨"道外"十六道街有很多娱乐场所，如歌剧院、京剧院、评剧院等以及武术表演场。"道里"在五十年代初是商品集中地，那时具有代表性的购物场所是"哈尔滨一百"。

南岗大街是哈尔滨的地标建筑，这条街很宽也很长，一眼望不到头，路面全是由一块块长方体的大理石铺设的。每天清晨，人们都可以看到，一个一手拿着夹垃圾的夹子一手拿着扫把的俄罗斯老妪，穿着黑袍及黑长筒靴，扎着黑头巾，在清扫这条街。这条街东侧有哈尔滨医科大学、哈尔滨工业大学、南岗公园等。后来，在南岗公园内建了全国第一列儿童火车，司机及车长、站务工作人员全由儿童承担，坐这列火车可以游览整个公园。

松花江中心的“太阳岛”也是哈尔滨的一大自然景观。“太阳岛”上都是参天大树和巨石，地上长着厚厚的野草、野花，到处是野果和纷飞的蝴蝶，鸟儿也不时来光顾，在林中飞着、叫着。这里没有任何人造建筑，甚至连卖饮料的都没有，似乎是人迹罕至的陌生地，无任何外界干扰，是纯自然生态。人们可随意地在原始森林间散步、休闲，或坐在巨石上聊天，或采集野花、野果。这里很清静，空气很新鲜，令人感觉十分惬意。兴尽返回时乘坐小汽艇只需五分钱。坐在小汽艇的上层远眺，宽阔的江面、微微的波浪在阳光下熠熠生辉。这里时而还有货轮。

当时，哈尔滨秋林公司的售货员都是苏联人，他们也会说些汉语，商店也使用算盘。他们的算盘比我们的大且算盘上没有横梁，每一串上都有十个珠子，计算时由下向上推珠子，从右向左为个位、十位、百位、千位……算盘中间略向上凸，让人觉得很好奇。有些中学生走进秋林公司便说一声：“Здравствуйте（您好）！”然后问：“Что это（这是什么）？”“Что то（那是什么）？”“Сколько стоит карандаш（铅笔多少钱一支）？”

“Сколько стоит ручка（钢笔多少钱一支）?”“Сколько стоит тетрать（笔记本多少钱）?”……俄罗斯售货员一一回答。学生们买完文具后都会说一声：“Спасибо（谢谢）.”“До свидания（再见）.”俄罗斯售货员笑着说：“Вы хорошо скажите（你说得很好）.”然后，几位中学生笑着走出秋林公司。这里还有各式列巴，如同长枕头样，苏联人买回家将其切成片，再抹上奶油，放在烤炉里烤得焦黄油亮，酥香可口，然后就着牛奶吃。

有一次，我在街上遇见一支刚从“喇嘛台”出来的苏联人送葬队伍，可能刚在这里做完祈祷。大主教走在前面，穿着黑袍，一手举着十字架，脖子上挂着一长串珠子，上面带有一个十字架。紧随其后的是拉着灵柩的四轮马车，车后是边走边哭的送葬家属。他们哭的时候声调就像唱歌一样。尸体被拉到哈尔滨北郊的“毛子坟”下葬。

在五十年代初，哈尔滨这座半欧式的城市既美丽又有些浪漫风情，这在当时的中国是独一无二的。那时的城市布局、城市面貌、人际交往、大众娱乐、餐饮等一切都顺其自然，人们相处得十分友好、和谐，让人觉得生活舒适甜美。

不过，这座美丽的城市也曾给居住在哈尔滨市松花江畔的居民留下过不堪回首的伤痛。每当夏季汛期，松花江水往往漫过堤坝，当时堤坝高过附近居民的房子，于是，漫过堤坝的江水便直接灌入居民区，形成一片泽州，居民叫苦不迭。所以，每当汛期到来，这里的居民都提心吊胆，夜间不敢睡觉，派专人看守堤坝，一旦水面临近堤坝顶，就得迅速向这里的居民发出警报。这里的居民多次被淹。当年，哈尔滨市政府曾多次维修这条江堤，可这个问题一直没有得到彻底解决，成了哈尔滨城市中的一块顽疾。

前几年，我再次返回哈尔滨，看到江水漫堤的问题已得到了彻底的解决，宽大整齐的堤坝旁竖着一个有纪念意义的防洪纪念塔。纪念塔位于如今的哈尔滨市中央大街西端，堤坝附近高楼林立。江水漫堤的隐患彻底消除后，这里的居民可以安居乐业了。

五十年代初——

哈尔滨之冬

厚实的毛线帽盖至眉弓
宽大的安哥拉兔毛围巾
环绕着颈、下颌
系得紧紧的
清晨，候车人

口鼻喷出的冰霜挂在
眉毛、睫毛、围巾和帽檐儿上
在朝阳下
雪光闪闪
毛茸茸的手套
高筒保暖靴与路面皑皑白雪
相随、相伴、相呼应①
哈尔滨啤酒
沁人肺腑
鲟鱼、黄油、鱼子酱、伏特加
列巴、香肠、黑巧克力
尽显俄罗斯食品特色
回味凝重……
看，影院正放映
《列宁在1918》
回忆、留恋、向往——
哈尔滨

---

① 每当脚踏在厚厚的雪地上，脚底软绵绵的雪会发出细微的、感觉轻轻颤抖的“咯吱——咯吱——”声，听起来特舒坦，是一种愉悦的伴行。

哈尔滨之夏

宽阔的松花江水波光粼粼
江畔的斯大林公园里
鲜花争奇斗艳
鲜艳的红领巾少年
白上衣、蓝裙子
头顶扎着硕大的
蓝绫结
追逐、戏耍
江面汽艇川流
往返太阳岛
铁路横跨东西
桥上火车疾驰
桥下货轮扬波
朵朵白云在江面上游动
久久不愿离去
尖尖的塔楼
伴随阵阵教堂的钟声
欢度这盛夏每一天
哈尔滨之夏
让人流连忘返

哈尔滨之夜

每当夜幕降临
路旁霓虹灯闪烁
电车穿过
留下
隆隆——丁零
串串响声
火花闪烁
划破夜空
璀璨耀眼
要看戏去“道外”
逛商场“道里”忙
车水马龙
人头攒动
走进路旁餐馆
品尝皮薄馅大馄饨
厚厚硕大玻璃杯
斟满哈尔滨啤酒
杯沿泡沫四溢
释放出浓浓醇香
爽，是它驱散了

人们一天的疲劳……

1955 年，为响应国家“支援西北建设”号召，东北第二建筑公司的全体员工，上至总工程师下至厨师、理发员，整体搬迁至兰州，其中就有我父亲。据父亲说，当时火车只通至甘肃省天水县，下了火车还要换乘汽车才能到达兰州。

到达兰州后，首先要解决的是饮水问题。他们公司食堂做饭、职工饮水及其他生活用水都要用马车拉。马车上有专门盛水用的大木桶。到黄河岸边后，将黄澄澄的黄河水舀到马车上的大木桶中，然后赶着马车将水拉到食堂、水房及其他生活用水处，必须先用明矾将水中的泥沙迅速澄清后才能做饭、烧水饮用。几辆专门运水的马车，整天忙着运输生活用水。

解放初期，兰州城内尚无一条公交线路。市内路面上是一层厚厚的浮土，走在路上，飞起的浮土落得满鞋满裤腿都是。外出回家时，鞋、裤腿上的浮土必须在门外打扫干净，因此每家的进门处都挂有用布条儿做的掸子，用它把身上、裤子及鞋上的浮土从上到下都打扫干净才能进屋。我们到兰州后不久，在兰州市西固区西柳沟（当时为兰州的工业区）又修了一条围绕发电厂、搪瓷厂、纺织厂、化工厂的环形铁路，以方便这里的工作人员上下班。当时由东北支援兰州修铁路、建楼房等，而上海支援兰州生产纺织品、搪瓷等。我从东北转学到这里读高中时（1958 年），兰州城内还未通公交车。

黄河自西向东穿过兰州城区，将该城市分为南北两部分，当时只有一座铁路桥横跨黄河，据说这座铁桥还是荷兰人修建的。波涛滚滚的黄河上有时还可以看见有人划着羊皮筏子，作为南北通行的辅助交通工具，因此当时在兰州流传着："锅里煮的洋芋蛋（马铃薯），炕上铺的乱毡片，羊皮筏子当军舰。"在黄河岸旁不时可见到一个个像巨大的轮子般的水车，将黄澄澄的黄河水引进一片片农田中，解决了西北土地的干旱问题。

建楼房的困难也不小，要建楼需要先平整土地。西北山区有很多果树，每砍一棵树都要给主人一定的补偿，然后才能施工，可是这一利民举措却遭到了当地人的强烈反对。其实建的楼房就是给当地居民用的。当时，兰州城就是沿黄河两岸的一个狭窄的带状城市，远不够发展所需。国家从大局着眼要发展这座老城区，可是这里的部分居民却盯着眼前的几棵果树和他们的窑洞。他们的习惯一时难以改变，因此同建筑公司结下了仇。

晚上，劳碌了一天的工人会出去走走，但是，这里不像在哈尔滨那种现代化城市，出去走走是为了散散心，放松一下心情。在这里，出去仅仅是为了了解一下大西北的地貌及其自然状态，出于好奇见识一下。但大家万万没有想到会出现意外。一天晚上，一个工人出去后就再也没回来。后来大家才得知，这个工人被几个当地人装进麻袋里，扔进了滚滚的黄河中。一连几起惨案的发生，引起了公司的重视。公司向全体员工发出警告：夜间不得单人外出，特殊情况需要外出必须结伴而行，否则后果自负。建筑公司将上下水设施齐全的楼房交给当地人住，可他们就是守着窑洞不搬迁。搬迁工作很棘手，这并非像建筑公司想象的那样，让他们住进楼房他们就会很高兴。

父亲到兰州第三年，正在齐齐哈尔市六中读高中二年级的我转学去了兰州回民中学。这所学校有很多我们东北的学生，所以虽然东北与西北远隔千山万水，大家也无陌生感。记得我到该校上学的第一天就因事迟到了。我站在教室外敲门时，听见教室里有人笑了起来。老师把门打开，我入座时，身边的一个东北同学笑着对我说："你敲门时我们就知道，这位新入学的同学肯定是东北的。"敲门进教室是我们东北同学特有的方式，当地同学是绝不会敲门进教室的，而是站在教室门外，运足气后大喊一声："报告！"待老师把门打开再进教室。东北同学的这句话无意中拉近了同学间的距离，同学们都感到还是故乡亲，尤其是在外地。这个班的东北同学占20%左右，在班上的学习成绩也都排在前面，老师也因此格外喜欢这些同学。我还记得，我们班有一位女同学，她是东北人，在班上学习最好，她不仅在课堂上老师提问时积极回答，而且期中、期末考试成绩也总是第一名。她叫刘立坤，她父亲是我们建筑公司的工程师。

有一次上地理课时，老师提问："白菜原产于何地？"她第一个站起来回答："白菜原产于我国……"老师马上接着说："对，5分。"（我们那时学苏联实行"5分制"）她原本想再说出具体的产地，可老师还没等她答完，"5分"的最好成绩便脱口而出，因此她也就没有再说下去。在老师印象中，她的学习成绩是无可置疑的，只要她总体答对了，下面肯定也错不了。当时同学们都很羡慕她。有一个同学觉得，这样学习固然很好，可平时太紧张了，如果每个学期期末考出好成绩，那么这一学期的总评成绩仍是最好的，所以他平时课间提问也好，小考也罢，只要及格得"3分"就行，到学习期末时来个突击学习以保证得"5分"，同她总得"5分"是一样的效果。于是，他便自嘲道："一群小燕（即3分）前面飞，标榜大雁（即5分）后面追……"

读高中放暑假期间，我曾在新建的兰州化工厂参加勤工俭学（那时学校提倡）。这座新建的化工厂是由苏联专家援建的。因为我是学生，厂里分配我到一个工地看材料库。从库中取东西都要登记，任何人不得随意从库中取东西。当时，我学生气十足，工作忠于职守，特别认真，整天守在材料仓库门口，一分钟都不离开，去方便的时候总是锁好门才离开。

我每天中午在厂内食堂就餐。食堂的伙食很棒，不但有中餐，还有面包、香肠及各种饮料，当时用饭票排队买饭菜。苏联专家经常到工地视察，他们个个身体都很棒。知道他们是来帮助我国建设的，我很尊敬他们。他们也会些汉语，我和他们说话时感到很开心。有时我也用俄语同他们对话，彼此有一种亲切感。

到了月底发工资了，这是我有生以来的第一份工资。我看着手中的钱："嗬，还没见过这么多钱呢。"我还记得，当时我想把钱交给父亲，父亲却让我自己收起来。

开学后，我们学生有时也参加社会劳动。至今我还记得参加清理兰州小西湖湖底淤泥的那场劳动。

当时，由于缺少劳动工具，没有推车运送淤泥，大家干脆双手倒背，将挖出的一锹锹淤泥带着泥水紧扣在后背上，身体要尽力向前弯以防泥块滑掉，并且还要快步往前跑。滤出的黑泥水顺着后背流进裤子里，再从裤腿一直流到脚后跟……即便如此，大家也无怨无悔，也不知道大家当时的那股干劲是从哪儿来的。要说是"重赏之下必有勇夫”，可当时全是分文不取的义务劳动啊。总之，那个时代的学生都有一股不知道从哪儿来的极高的劳动热情。还有一次，在修兰州滨河马路，挖路两旁的排水沟时，大家干起活来也是热火朝天。

我上学的回民中学位于我们“东北大院”附近，可我父亲当时的工作地点在兰州市西固区西柳沟地区，距学校还有很远的距离。当时，兰州市内还没有公交车，因此我只好住校，在学校食堂吃饭。当时（1959 年下学期），国民经济正处在困难时期，粮食供应很紧张，粮食定量不足。当时的学习也很紧张。我记得，当年的高考录取率在 10% 左右。参加全市高考那天，我吃完早饭后，食堂师傅给我发了两个高粱面粉蒸的黑黑的窝窝头（其他同学是走读生，在自己家里吃饭），黑亮黑亮的，还特硬，砸在头上都能砸出“头皮血肿”。当时，高考的考场设在兰州大学，考试那天中午，我带着这两个又黑又硬的窝窝头，到附近的饭馆买了一碗白菜汤，一口窝窝头一口白菜汤，不知不觉就把两个窝窝头吃进肚里，然后回到兰州大学考场参加下午的考试。我每天都只吃两个黑窝窝头，饥肠寡肚地参加完了紧张的高考。

小小窝窝头

黑亮更硬朗

怀揣赴高考
期待正能量

高考结束后，我每天都在紧张地等待发榜。那时，高考成败在此一举，不存在落榜后复习一年再考的可能，因此，等待发榜的焦虑整天都在煎熬着我……

一天中午，我父亲的一个同事接到邮递员送来的录取通知书，马上把通知书送到了我家。当沉甸甸的录取通知书送到我的手中时，我惊喜万分。打开信封，首先映入眼帘的是“兰州医学院医疗系录取通知”，通知要求：×年×月×日前往兰州医学院医疗系报到，并自备白大衣、听诊器。这是我的第一志愿，我终于如愿以偿了。这是我在学习道路上的一个重大转折，我这个没有童年的人今天终于尝到了幸福的滋味。

五

我终于成为了一名大学生，我当时激动的心情是不可言表的，我下定决心，学习好本领，将来为人民医疗健康事业做出自己应有的贡献。我在自己日记本的首页写下了“不虚此生”的浓重一笔，并铭记在心中。

我虽然如愿以偿地上了大学，可求学之路并不平坦。我入学的那一年，即1959年，正是国民经济三年困难时期的第一年，需要勒紧裤腰带度日。前三年也是我们医学院医疗系学习医学基础课的三年。上中学时都是在老师督促下学习，如经常性的课堂提问、各种形式的小考、中考和期末的大考等，如今在大学没了这些约束，而且又处于生活物资极度匮乏时期，学习任务也更加繁重。

在完全靠自觉学习的情况下，能掌握多少医学基础理论知识就全靠学生的个人意志和努力了，尤其在勒紧裤腰带的半饥饿状态下。每天上上午的最后一节课时，同学们听课时精神根本集中不起来，勉强记些课堂笔记，有时甚至都不知道在记些什么，可能是因为能量供应不足而不能集中精神去思考。当时，同学们的胃肠都是空空的，经常能听到邻座同学的肚子发出“咕咕”的声音。这时，大家就抬起头来，面面相觑，无奈地尴尬一笑。当时粮食不够吃就用“瓜菜代”，可当时瓜菜也很难得，学校就利用课余时间组织学生搞“小秋收”，就是把榆树叶子收集起来，晾在宿舍二楼的平台上。用榆树叶子做的菜根本嚼不烂，而且刺激口腔黏膜，更咽不下去。

当时，我们学校办了两个农场，一个是在学校南边的“和政农场”，一个是在学校北边的“天祝农场”。和政农场距我校三四百里，我曾在那里参加过春耕和秋收，主要种植小麦、玉米、豌豆、山芋等。每年豌豆快成熟时学校都要派人到地里看守，同学们都奋勇争先前往——因为在那里能获得点儿“小补”。夜间，我们住在山中的“大将军庙”里，搭起上下两层板铺。如果有女同学参加劳动，为安全起见，就让她们睡上铺，男同学睡下铺。看守庄稼时，每个人手里提一根木棒，主要是为了防备山中的野兽糟蹋粮食，当然也是为了防备少数当地人偷粮食（当时农民也吃不饱）。我们看守豌豆地时，沿着地垄沟从一头走到另一头，常常顺手摘下快成熟的豌豆，将豆子扔进嘴里（即前面说的“小补”）。豌豆又甜又清香，同学们走几个来回，肚子也差不多饱了。尽管豆子是生的，也没有人吃了以后腹泻。那时人的胃肠道也“助人愿”，吃啥都吸收，即便吃两天玉米净面饼子也能“长膘”。

尽管学校有两个农场，可学生们的粮食定量没任何改变，大家整天处于半饥饿状态。部分同学利用课余时间到郊外公社的菜地里，把社员们砍完包心菜后留下的菜根挖出，剥掉外层厚厚的纤维层，将中间的髓质做成咸菜吃。这里提到的咸菜可不是我们现在买的用来提味儿的咸菜，当时是当饭吃的，吃完这种咸菜要喝很多水，喝完水肚子就有膨胀感，就可以暂时消除饥饿感，但过不了多久肚子里的水没了，该饿还是饿。

那时，每天晚上睡前我们在宿舍床上都要进行一场“精神大会餐”，虽然白天紧张地学习了一天，躺在床上仍在你一言我一语地争论谁家乡的年夜饭更好吃。“我们陕西过春节最好吃的是香油涮饺子。”“我们四川过春节最好吃的是辣子鸡。”“哼，我们甘肃的羊肉泡馍已经是一般的饮食了。”“停停停，这句话应改为，你们甘肃的一般饮食是玉米面窝窝头和洋芋蛋。”同学们哄堂大笑。

“我们广东过春节最好吃的是羊羔肉。”“我们东北过春节最好吃的才是最棒的呢，红烧猪肘子，还有酸菜炖五花肉，再蘸些韭菜花，那才叫美味呢。”

同学们就这样争着，比着，直到筋疲力尽，争吵声越来越小，最后进入了“香甜的梦乡”。

晚饭后，即便在盥洗室，有的同学还不忘好吃的，京剧《女起解》的歌词也被修改成了这样：“苏三，离开兰州站，乘上火车去西安，哪一位去到哈密站，回来捎些葡萄干……”

在生活物资极度匮乏时期，这些昔日很平常的食品成了可遇不可求的东西，同学们只能在精神上予以满足。

上了大学后，我们并没有减少参加社会劳动。当时学校组织学生参加了郊区公社的修水渠劳动，经常一连几天在工地上推双轮车往堤坝上运土。中午在工地上，学校发给每个同学一个馍（大约三两），没任何菜。同学们就着开水吃完馍，休息一会儿后继续干活，直到晚上收工。

当时发生的一件事，今天回忆起来仍感到十分悲痛和惋惜。我们医疗系某班的刘亚卓同学对于学校组织学生参加修水渠这种强体力劳动有看法，他认为，本来同学们就处于半饥饿状态，由于没有足够的能量，无法应付繁重的医学基础课学习，身体处于入不敷出的状态，有的同学甚至得了“营养不良性浮肿”，再让学生参加修水渠这种强体力劳动，整天往堤坝上推土，这种做法是不得当的。学生应该以学习为主。他的言论传到了某领导的耳朵里。当时，该领导要求学生，摆正“红与专”的位置，加强政治思想教育，批判“只专不红”。他认为，轻视劳动就是轻视劳动人民。他把刘亚卓同学叫到他的办公室，对这位同学的思想进行了严厉批评，并责令其写出深刻的书面检讨。刘亚卓对该领导的批评不服，认为自己没错，自己只不过反映了一个真实的问题，希望得到纠正，凭什么批评我还让我写检讨？这位同学十分倔强，就是不写检讨，并且开始绝食，以示抗争。

刘亚卓在绝食初期没有任何表现。开始时，同学们以为他身体不适不去食堂吃饭，就把他的每顿定量替他从食堂带回来。一天、两天、三天，同学们每天都把他的饭菜放在宿舍的桌子上，他却一口没吃。同学问他为什么不吃饭，他只说：“没食欲，不想吃饭。”因为没有加热器具，每顿饭都是从食堂新买来的，因此几天下来主副食摆满了宿舍的桌子，他却颗粒不沾。同一宿舍的同学觉察到他在绝食，怕出问题，将此事报告了班长、支书。他们便过来相劝：“刘亚卓，你可不能拿自己的生命当儿戏啊，千万要保重自己。父母如果知道了该多伤心啊！你的意见我们已经向系主任反映了，可他仍坚持让你写检讨。你还是写了吧。我们考上大学多么不易啊，咱们得珍惜这份努力的成果。”

刘亚卓说：“这些我全明白。可我没错，我不能违背自己的良心。他完全没道理，休想用‘只专不红’来压我！”

“你说的我们同学都理解，也赞赏和同情你。可你不能这么残害自己，还是吃点儿东西吧。”说着，班长、支书眼睛红红的，含着眼泪……

他们再次向系主任反映，以为领导会通情达理，已经当面严厉地批评了这位同学会就此作罢。大家没想到，他竟反唇相讥：“这是在给我施压，让我屈从于他。这是大是大非的问题。他必须从思想深处认识这个问题。我们党和人民不能培养‘白专’人才。这样的人能为劳动人民服务吗？国家不能蒙受巨大损失，必须严肃对待这个问题。”

支书听后，意识到了问题的严重性，于是又进一步说：“这位同学已经几天没吃饭了，身体已经难以支撑下去了。主任已经给他指出了问题的性质并已批评了他的这种思想。他还年轻，还是刚刚入学不久的学生，就给他一个自我反省的机会吧，暂时缓和一下，让他慢慢改正，否则再这样下去会出现不可挽回的后果。”

某领导坚持说：“这绝不仅仅是参加不参加社会劳动

的问题，而是同劳动人民的感情相背离。这样的人能为劳动人民服务吗？只有从思想深处认识这个问题，才能解决为什么人的问题。他必须写出书面检讨，绝不能姑息这种人！以绝食相威胁那是他个人问题。另外，他还必须参加劳动，加强自身改造。”

刘亚卓绝食第五天，系主任居然让班上同学把他带到劳动现场，让他和同学们一起往堤坝上推土。这对已绝食数天的刘亚卓来说，无异于将其推向死亡。当时，刘亚卓别说推土，就是站在那里都十分困难了，他已经瘦得皮包骨了，风一吹都能把他吹倒。可是该领导有招，刘亚卓不能单独推土车，主任就让两名同学站在他两边，一人把着他的一只手，让他手握在车把上帮他一起推土车往前走。事实上，这两位同学根本就没让他推车，而是象征性地让他扶着车，而且这两位同学还要紧紧靠住他摇晃的身体。此时这些都已无济于事……最后，刘亚卓终于倒在了劳动现场，再也没能起来……

壮志未酬身先卒

课堂饥肠寡肚响
彼此腼腆又无奈
要红再加劳动课

推土修渠成必然
学生据理要直言
定你“白专”又奈何
绝食抗争皮包骨
劳动改造最重要
双人架他推土车
管他死活全自讨
魔鬼缠身难解除
终于倒在劳动中……
呜呼！
学子壮志今何在
血污幽魂不得归

悼刘亚卓同学 1961年7月

1966年，“文革”开始了（我们那届学生已经毕业两年）。那位导致刘亚卓同学死亡的系领导当时已逃回山东老家。同学们得知此事件后，个个义愤填膺，派人前往他的老家把他揪回来接受审查批判。他从兰州火车站下车时，学校特意派同学们前去“迎接”他。在回校的路上，同学们忍不住胸中怒火，把他围在中间连推带搡。不知道他是真不明白还是装糊涂，口里不断地说：“别闹，别闹。”

“谁跟你闹啊！”同学们说着，你一拳他一脚，一直打到学校。听说开批判会的当天，他在众目睽睽下一动不动地低着头站在主席台前。主持会议的人历数他导致刘亚卓同学死亡做法，让他向死难的同学下跪。他迫于压力在主席台上跪下。同学们高喊口号：“打倒杀人魔王杨××！血债要用血来还！……”站在主席台下的一位男同学情绪十分激动地跳上主席台，从他的背后踢了他一脚。他应声趴在地上，口吐鲜血，被救护车送到医院抢救。检查结果，他已经患上了肺癌而且是晚期！我想，如果上天有灵，此时，刘亚卓同学可以安眠于九泉之下了……

对于如何度过经济困难时期，部分同学进行了深思，结论是，忍耐，坚持，困难不会是永远的。实在忍耐不下去的同学因此退学了，这些同学已经无法坚持学习，有的同学患上了“营养不良性浮肿”，有的同学甚至得了肾病，不得不中断学习，辍学回家。当然，忍耐、坚持的同学还是大多数。

一天，解剖教研室的于教授不知从哪儿弄到一棵白菜，他骑着自行车，把白菜绑在后面车架上。白菜不大，不足二斤重，散散的，蔫蔫的，叶子末端有些发黄，整棵白菜看上去有些“脱水”。他骑车进入校园，见走在路旁的师生都看他，于是微笑着向他们点点头。一位老师问他：“于教授，你这棵白菜是从哪儿买到的?”“现在市场哪儿有卖白菜的？这是朋友送给我的。”说完，他满意地笑了笑，骑车远去。师生们都羡慕地议论说，眼下朋友多就是好呀……

同我们共渡难关的某些教研室老师的敬业精神令我十分感动，他们的精神在鼓舞着我不要掉队，不能停止不前。生理教研室的秦老师时年 35 岁，中等身材，圆圆的脸上有些斑点，他反应敏捷，讲课时语言流畅，好打手势，目的是让学生们加强记忆和理解。我记得那是 1961 年，苏联载人飞船第一次进入太空，苏联宇航员加加林少校成为了世界第一位进入太空的宇航员。为了让同学们了解人体呼吸及循环系统的生理功能，秦老师就以他为例讲解说，人身体的呼吸和循环系统在太空中均处于“超常状态”中，呼吸中肺和心脏都承受着巨大的失重状态下生理上的改变。此时，循环系统中的血液、二氧化碳、氧以及心脏的心率，呼吸系统中在肺内的氧气及二氧化碳的交换和肺的呼吸频率都必须适应失重状态下的工作，血液、氧气、二氧化碳都要重新分配，呼吸及心跳的节奏也要相应改变，人才能在太空中生存……秦老师讲课时理论联系实际，从而加深了学生的理解和记忆，他并没因为生活遇到困难而在教学工作中敷衍了事，而是在听到苏联宇航员成功遨游太空后的第一时间，马上将其与自己的教学联系在一起，作为生动的例子讲解给学生们，使同学们加深了理解和记忆，这对于同学们学好人体生理有关章节来说是很有必要的。当时，秦老师完全可以按着书本内容进行讲解，不去精心挑选这些生动例子。但秦老师并没这样做，充分体现了他的敬业精神和责任担当。

兰州医学院病理教研室的马教授，是当时全国四大病理学者之一，学校专门为他设有动物园、花园、小灶等设施。当年他已六十多岁，身体瘦削，白发，瓜子脸略显灰暗，尖下颌，一双犀利细长的眼睛令人局促不安，身高 1.7 米左右，略驼背，行动利落，与年龄颇不相符，语言简练。他在政治运动中成了打扫厕所的清洁工，但教研室的其他老师都认为，他还很有使用价值。他整天背个油得发亮的污黑的帆布兜儿，每次进厕所前先使劲儿地敲一下门，憨声憨气地问一声："有人吗?"里面没人他才入厕清扫。即便是打扫厕所他也非常认真，每天不停地劳作。

每当病理教研室在病检中遇到难下结论的问题时都把他请来。他每次都带着他打扫厕所的那套行头，尤其是那个大帆布兜儿一刻都不离身。时间长了，科室人也都习惯了。每次他看病理切片时都是双手往后一背，弓着腰，眼睛对准镜头仔细看一遍显微镜下的病理切片，然后抬起头说："我看像某某某种疾病。"他每次都只说一句，别人再多问一句时，他已经转身走出教研室，继续清扫卫生去了。有时候，为了证实他的结论，教研室把他看过的病理切片再分头寄给北京、上海、广州等大城市的权威专家。一周后专家们纷纷回复，他们的诊断结果同马教授的结论分毫不差。这已经形成了常事，从那以后，凡是遇到病理学上的难题，都要请他做结论。人们都感慨道："臭豆腐虽臭回味香。"他如果没有博大精深的学识，谁也不会来请他的。这对于我们这些正在学习的学子们而言具有很深刻的教育意义。

病理解剖教研室的刘老师，年龄35岁左右，是位女老师，中等身材，略显瘦高，脸上总是带有几分肃穆的神态，不善谈吐。一天晚上，她很晚才下班回家，已经躺下后，忽然想起有一个病理解剖上的问题还不是十分清楚。于是，她从床上起来，穿好衣服来到学校，急匆匆地打开病理标本室，穿好工作服，将有疑问的标本重新挂起来解剖并寻找有疑问的部位。她正在寻找中，尸体标本突然掉在她肩上。此时正是夜深人静的时刻，她一位女同志竟然很平静地又把这具尸体重新挂起来继续解剖，似乎没有发生过任何事情。这是多么认真、敬业的精神和严谨的科研作风啊！如此坚持下去，何愁没有科研成果。

这些崇高而又敬业的老师，在生活处于十分艰难的状态下还是那么认真、严谨地工作，他们这种精神无时无刻不在感染着我，激励着我。

过了三四年后，国民经济才有所好转，粮食定量及副食供应有所提高。这时，我们已经进入临床实习阶段。一年的临床实习开始了，这也是我们在医学院的五年学习中的最后一年。在走进病房同患者面对面接触的初期，我们感到既新颖又陌生，要用学过的理论去实践，以取得预期效果，更好地为患者服务。真的到了理论与实践短兵相接的关键时刻，又似乎找不到准确的切入点，因此，必须细心地体会带领我们实习的老师如何询问病史、体检、辅助检查，甚至最后如何参考病史、体检及辅助检查等资料下诊断，分毫不差地模仿。对于专科情况也要像老师那样突出其特点，写出专科情况，得出符合实际的专科诊断，然后根据诊断去治疗，因此，临床医疗最重要的在于准确的诊断。没有准确的诊断，治疗将无从谈起。

当时，我已经选择外科作为我今后的临床医疗工作。在外科实习中要结合解剖学，把老师做手术的操作程序记在自己的实习笔记上，并且要图文并茂地记下来，为以后从事临床外科手术作准备。可以说，这一年的临床实习是我在校五年学习的最后机会了，因此，我十分认真，十分珍惜每一分钟。毕业分配时，同学们都想留校或留在市内医院工作，并且准备为此一搏。

正当我们作准备时，听说学校为了祝贺我们这一届同学在生活困难中勒紧裤腰带，战胜种种困难胜利完成学业，要为我们放映我国第一部彩色故事片《农奴》。我们听到这个消息的第一个感觉是十分惊讶，学校的历届毕业生都没有享受过这种待遇呀，我们要破例！第二个感觉是，这是一部彩色故事片，是新中国成立以来没有过的，一定很好看，看了一定会很开心。影片《农奴》是一部关于西藏人民的故事。这可太好了，学校太关照我们这一届毕业生了。在我们宿舍南面的一块空地上，支起了雪白的银幕，灯光、扬声器、放映机等都安排好了。全校同学欢呼雀跃，搬来凳子，找一块空地坐下来，静静地等待着。《农奴》这部彩色影片终于呈现在银幕上，色彩亮丽、清晰，人物活灵活现地呈现在眼前，同学们不禁发出唏嘘声。

影片的内容是，西藏农奴强巴在生活重压下，从事有损于健康的油漆工工作，由于在没有任何防护的情况下长时间不间断地接触油漆，彩色油漆的强烈刺激最后导致他双目失明。他在突然失明的一瞬间，向他的儿子小强巴发出了惨痛的呼唤："小强巴，你在哪里？我咋看不见你了？"他站在梯子上，双手到处乱摸，身体摇晃着……这时响起了震撼人心的主题歌："啊……喜马拉雅山啊再高也有顶，雅鲁藏布江啊再长也有源，藏族人民再苦啊——再苦也有边啊……"

放映结束后，同学们方知，原来这是母校为欢送我们这一届毕业生下乡安排的。不知是被影片中强巴的悲惨遭遇感染，还是因为我们即将踏上漫长的下乡之路，我们这届有过不平凡经历的同学"才展眉头，又上心头"。

我们考入大学后就勒紧裤腰带日夜苦读，毕业时又逢下乡，我们今后的工作很可能就是在农村背着出诊包走乡串户给农民发放阿司匹林、涂红汞、撒消炎粉。这同农村"赤脚医生"有什么区别？让我们从事这样的工作，还需要国家投入大笔财力培养大学本科生吗？

我女朋友的姑姑是甘肃省妇产医院院长、教授、学术权威，是全国第一届政协委员，还是我校客座教授，间或到我校授课，因此，同我校许多教授交往密切。这位医学权威是独身，她的侄女也就是我女朋友从沈阳来到她的身边，就读医学本科。我们毕业前，我校某教授答应让她这唯一的亲人留在她的身边，将来帮助照料她的晚年生活。这本来也是合乎情理的事情，但是，我的女朋友从未就毕业分配问题向姑姑提出过任何要求。

一天，我们学校某教授来到女朋友的姑姑家，向老教授提及她侄女毕业分配的事，说："学校毕业生分配马上就要开始了。原则是走'6·26'，如果您有意把侄女留在身边，我可以向校方提一下。考虑到您的具体情况，我想，让您侄女留下肯定没问题。老教授意下如何？"

姑姑笑了笑，说："这个问题我考虑过。但是年轻人更需要磨炼自己，需要经风雨见世面，才能成为一个坚强而有智慧的人。老守在家门口是不会有出息的。我1936年从北京协和医学院毕业。留校工作了两三年后，我毅然离开了工作和生活条件都十分优越的北京，来到大西北，开始是在西安，后来才到了兰州。我是同八路军一起进入兰州的，工作、生活磨炼了我，使我变得更加坚强。在西安和兰州，为了人民的健康事业，我帮助当地政府建立了一些卫生机构，培养了一批批卫生人才。我当时要是留在北京，也不会有这些成就。我现在不也挺好的吗？"

"可是您现在年纪这么大，身边没有亲人照顾怎么成呢？"

"虽然没有亲人照顾，可是有政府啊。现在我的保姆是政府派来的，甚至我养的这些花草、树木都定期有人来给更换，这同有亲人不是一样的吗？"

“这不是一回事儿。我看您还是把侄女留在您身边吧。”

“谢谢您的关照。我从北京来到大西北工作了几十年了，从未因为个人利益向国家讨价还价，晚年我更要保持自律。因此，我也不会因为个人问题去开这个先例，给组织添麻烦。”

就这样，我的女朋友还是“被交出去了”。她 1964 年 9 月离校，被分到了农村卫生院。

我很钦佩我女朋友的大姑热爱人民、热爱医疗卫生事业的顽强的创业精神。大姑二十世纪三十年代中期毕业于北京协和医学院，毕业后留校从事医学临床工作。当时同大姑一起工作的还有一位杨医生，比大姑小五岁，我们称她为杨姑。

大姑同杨姑都是独身女，两个人相处得十分融洽。工作两三年后，大姑有个想法，就同杨姑商量：“现在，中国大西北的医疗条件十分落后，那里的人民常常为疾病所困扰，严重影响他们的劳动生产和生活。我们俩莫不如去大西北开发，改善那里落后的卫生医疗条件。我们现在年富力强，何不到那里去开创一番医疗事业，而且现在政府也提倡和支持我们。”

杨姑听后，笑着说：“我俩不谋而合，我也有同样的想法。”

于是，姊妹俩开始做准备。那时，无论是工作环境还是生活条件，西北都无法同北京相比，北京的工作环境与生活条件都优越于大西北。在大西北工作一定会很艰难，一切都是未知数，但是两个人都认为，只要坚持艰苦努力，坚定不移地干下去，一定会大有作为。于是不久后，两个人就启程，义无反顾地离开了北京，前往大西北。

姊妹俩去大西北的第一站是西安。考虑到当地最薄弱最落后的卫生环节是妇幼保健，她们决定，首先在那里建一座妇幼保健院，让那里的妇女、儿童也能享受到先进的医疗技术，以保障妇女的健康和儿童的茁壮成长。几年后，她们又开办了妇幼保健学习班，并且使这项工作迅速扩大，每年培养大量人才，很快就改变了那里缺医少药的局面。接着，大姑同杨姑在当地政府的支持下，又建了一座中等卫生技术学校（大姑及杨姑也投资了一部分）。后来，当地政府觉得新建校舍的位置很好，学校的楼房建筑很有风格，于是向大姑、杨姑提出置换位置的要求，被大姑和杨姑拒绝。但由于政府的决定谁都不能违背，大姑同杨姑一气之下，说，不必换了，都给你们好了。当时正处于解放战争时期，大姑同杨姑为了继续开创自己的卫生事业，同八路军一起进入兰州，然后在兰州当时一个叫中山陵的地方又建起了一个妇幼保健院。据大姑说，那时候，当地还比较封闭，当地妇女还比较保守。兰州当时虽然是较大的城市，可还未通火车，市内几乎没有什么交通工具，只有四轮的马拉客车，城里基本都是土路，走在路上尘土飞扬。她们每次在城内各处巡诊回来后，全身都是土，要用布条扎的掸子掸干净身上的土才能进屋。

城内得妇科疾病的妇女都不去妇幼保健院检查，产妇也不到妇幼保健院检查和分娩，得了妇科病就去看中医，产妇分娩就请当地人接生。最初，为了开展工作，大姑就背着出诊包，每当在路上看到挺着肚子的妇女就偷偷地跟在孕妇后面，一直跟到她家门口，然后记下地址，以便以后随访。有时候，她干脆随孕妇进入她家，然后给她讲解新的接生法的优越性以及产前检查的必要性，并告诉孕妇，这些对母子如何有利，在分娩过程也不会出现意外，会让母子平平安安；一次不行她就多次上门讲解，直到说服对方并且被认可为止。一些产妇或患有妇科病的患者被大姑的精神所感动，同时也想看看医院的条件到底如何，因此开始有产妇或患有妇科疾病的人前来分娩或做妇科检查。西北人比较实在，只要工作做得好，没有意外发生，这些患者还都是认可的。慢慢地，医院的影响逐渐扩大。大姑就是这样一位十分同情患者、热爱自己的事业、十分执著的人。

最后，她们俩又自己设计、建立了现在的省妇产医院。大姑和杨姑始终未婚，把自己的一生全部献给了壮丽的医疗卫生事业。

二十世纪三十年代的一天早晨，大姑刚走出大门，发现门前有一个用被子包裹着的女婴。大姑把她抱到室内，打开被子，发现一张纸条，上面写着：因行军不便，请收养，谢谢。红军某某及时间。大姑将这个女婴收养下来，含辛茹苦地抚养成人，并且供她读完大学。后来，大姑和杨姑在“运动”中受到冲击，杨姑自杀，大姑的宠物狗也被活埋，只剩下大姑孤身一人。我有时去看大姑，可从来没听她说过那个被她收养并抚养成人的孤儿前来探望过她，也无从知道她在什么地方，做什么工作。怕大姑伤心，我也一直没敢在大姑面前提起她。她孤苦零丁一个人，见到我总是哭……大姑晚年时（时年已过七十），向省卫生厅写了三份有关省妇产医院的医疗器械及楼舍和其他方面在十年动乱中受损情况的报告。省卫生厅派调查组实地调查时，大姑似乎忘记了自己的年龄，跟着调查组在医院楼上楼下地检查受损物品的情况，从早晨一直忙到中午，最后，终因年迈及操劳过度，倒在了午餐桌上……

六

我到这个县城医院报到时（当时女友去了另一个乡村卫生院），发现这个县城周围全是重重叠叠的高耸的大山，这个小小的县城方圆也不过20公里。县城周围还有数条河，其中一条当地人称为东河，是一条比较大的河，一般进入县城都要经过这条河。河上面是由水泥桩撑起的木质框架的桥梁，上面是砂石路面，桥不宽，只能并行两辆车。县城内只有东西一条主街，也是砂石路面，街两旁是县委、县人委所在地，还有学校、商店、广播站、俱乐部……县医院在街北不远处，医院建筑错落有序，分为门诊部和住院部，县防疫站在医院东侧。

医院正南面有一个人工湖，一个木桥通向湖中央的小亭台，供人纳凉，观看湖面上的莲花、浮萍之类的水生植物。水中有各种鱼，其中总是藏身于湖边的岩石缝隙中的黄鳝较多。闲暇时，人们可以在湖边钓黄鳝，当地又叫“逗黄鳝”。钓黄鳝鱼的方式很特别，钓这种鱼使用的不是弯钓，而是一根直的像针一样的铁丝，把鱼饵串在上面，然后甩到水中，实际是把带鱼饵的所谓渔钩垂在湖边靠近岩石的缝隙前，且不断地抖动渔竿，使鱼饵在湖水中上下不停地颤动，这就是所谓的“逗黄鳝”。过一会儿，就可以清晰地看见一条黄鳝从湖边的岩石缝隙中探出头来，像蛇头一样一点点地向外伸出，然后将鱼饵吞到口中。此时，钓鱼人就要持久地拉着渔竿，还不能性急，否则渔线或渔竿断了，它一下便钻进洞内，因此要耐着性子，像拔河一样。那么黄鳝又如何让你拉不出水面？原来，当你拉紧渔竿时，它很快就把还在岩石缝隙内的大部分身子在石洞内像蛇一样弯曲起来，紧紧贴在石壁上，就像粘在上面一样，想把它一下子从石缝中拉出来是不可能的。现在，就看你能持续拉多久了。鳝鱼只要咬着你的鱼饵就不松口。如果你持久同它较劲，持续到一定时间时，它在洞内弯曲紧贴石壁的身子终于乏力了，再也无力紧紧贴在石壁上了，但叼着鱼饵的嘴仍然不肯放弃，因此它只好连同鱼饵一起被拉出洞，被甩到岸上，至此仍叼着鱼饵在地上滚动。真是“人为财死，鸟为食亡”啊！这就是人们不用弯钩钓黄鳝的道理所在。

我们所在的这个医院的全院医护人员有几十人，其中有两名从广西医学院毕业的本科生，比我早四年到医院工作，还有一个比我早一年从我们兰州医学院毕业分配到本院从事外科工作（前二人均从事内科）。同我一起分配到该院的还有一对夫妻，其中男的在内科，妻子在小儿科。在我们之后，还来了一对夫妻，是北京医科大学的毕业生，也是从事内科，其余均是本地中专毕业的医生、护士。还有上海护校毕业的六七位护士，她们都比我早到医院工作。听说当初这六七位上海姑娘到了县城后不下车，先要见该县卫生局局长。她们当着局长的面提出以下条件：1、我们在该医院工作期间每天要吃大米饭（这也是南北方的差异）。西北人以面食为主，可该县偏偏还种稻子，因此吃大米是完全可能的。2、给每人发一件军大衣。因上海比这里暖和得多，局长也同意了。3、给我们上海来的护士每人涨两级工资。听到这儿，局长马上犹豫起来，但为了打破僵局，局长笑了一下，说：“涨工资的事儿我得问有关部门同意与否。这样吧，我先答应这个要求，不过要请示上面领导，领导批准了我马上落实，好不？”几位上海护士在车上嘁嘁喳喳地说了一阵，然后才下了车，去县医院报到。

当时，县医院的设施基本还都具备，其中最大的短板就是没有血库，而血库对于手术科室是必备的。做手术时，尤其是在抢救大出血的病人时，不但要补充病人已经丢掉的大量血液，手术本身也会由于创伤造成失血，因此，没有血液供给就无法实施失血性休克手术。难道医院眼睁睁地看着病人失去生命？无奈之下，医院建了个“活血库”。

医院没有血库是因为山区病人少，血库的血不能保存过久，不像内地医院病人多也相对集中，每月甚至每天都有手术做，因此血库中的血一般不会浪费。但是，一旦遇到失血过多的病人，在这里想求救都无门，所以灵活性很大的“活血库”应运而生。医院将县城内各单位人员的血型提前验好并登记造册，当有紧急失血性休克病人需要抢救时，医院可根据病人的血型查找血型相配的登记人并迅速通知其来医院献血，只需做个血交叉，相符后马上就可以把血输给病人。这样，既节省了时间又可以避免浪费血液。这也是“活血库”的优点。

我分配到单位工作不到一年就参加了本县组织的工作队，去农村落实“农村社会主义教育运动”（简称“社教”）。我的女朋友则参加了农村防病治病工作。

组织对“社教”队员要求很严，队员在此期间不准请假，在农村搞“社教”期间必须坚持“三同”，即同吃、同住、同劳动；每天晚上在大队部给生产大队、小队的书记、队长、出纳员、会计宣讲“中央 24 条”，即“四清运动”，根据文件查找自身的四不清问题，即多吃、多占、挪用公款及贪污公款等经济问题，直到深夜。当时，我们这些刚刚参加工作的人还没资格宣讲中央文件，只是做一些记录或跑腿的事。

我们当时所在的农村种稻田，因此我们吃的是大米饭。当地人不习惯种菜，但是辣椒是必不可少的，也是唯一的蔬菜。每顿饭前，大家都心照不宣地先喝一碗米汤，至今我也未弄明白这究竟是为什么。每次社员看我们这样做都会笑。我当时也随着老队员亦步亦趋，唯恐出错，违背政策。当时，我不知道为什么想起了我们上大学时，由于正处于三年经济困难时期，为了填饱肚子我们就先吃咸菜，然后再喝很多开水，使肚子有饱胀感，以减少对食物的渴望。如今这种做法，即先喝一碗米汤从而少吃些大米干饭，是否有同样的功能还不得而知。每次吃饭时，桌子上都放一小碟炸红辣椒，大家吃饭时都是吃一口饭杵一筷子头儿红辣椒，基本也能吃饱，当然不像在家吃得那么踏实。吃完饭后，我们就同房东一起下地干活……

当时，每天晚上生产队干部都要进行自我检查，检查一遍不过关就检查两遍、三遍、四遍，还要发动群众给他们揭摆问题，直到把所有问题都弄清楚了。“农村社会主义教育运动”进行了半年，工作结束后，我又回到了原单位工作。

1965 年夏初，我参加完“社教”回到医院工作，当时我是外科病房医生。一天，我值夜班，我把外科的住院患者巡视一遍，处置了有关患者的情况后，已经是夜间十点多了。我回到医生值班室刚小憩片刻，就听到值夜班的护士小心地敲门说：“外科门诊收入一位急性阑尾炎患者。”

我应声坐起，穿好工作服，来到外科医护办公室。看了一下外科门诊病志后，我去病房检查入院的患者。这是一位女患者，37 岁，正用双手按着右下腹在病房内走动，黑黑的披肩秀发有些零乱、膨松，在灯光下紧蹙双眉，一脸痛苦的表情。

我对她说：“请你躺在床上，让我来检查检查。”

患者看了我一眼后，可能为缓解阑尾炎所致的牵扯痛而取右侧卧位，还蜷曲着双下肢，仍用手按着右下腹。

我纠正说：“请你仰卧，让我做一下查体。”

患者这才按照我的意思，转过身来，仰卧在床上。

我在查体中发现，患者右下腹麦氏点（即阑尾所在的解剖位置）触痛最明显，同时还有轻微的反跳痛。因为肌肉紧张未能触及包块，我结合临床辅助检查，入院诊断为：急性化脓性阑尾炎。治疗意见：即刻手术切除化脓的阑尾。在患者家属同意并在病志上签字后，患者被推进手术室。

给患者做硬膜外麻醉成功后，切开皮肤，当切至皮下时发现，该女患者皮下脂肪堆积，在实施钝性分离后逐层切开至腹膜。当切开腹膜时发现，腹腔有少许渗液，因此，探查阑尾和切除化脓的阑尾很困难。虽然皮肤的切口足够大，可由于皮下脂肪过厚，深入至腹腔时就如同从井上观察井底一般，要暴露阑尾及其周围的解剖关系很不方便，虽然有助手尽力帮助显露病灶，切除阑尾仍很困难。最大的问题是，当病灶显露不充分时，在操作中会出现副损伤，给患者造成痛苦，因此给该患者做手术对于刚刚从事外科的我也是个不小的考验。首先是显露阑尾十分困难。因为术野总是被厚厚的脂肪所掩盖，助手的拉钩被深深地埋在脂肪里。助手反复变换牵拉方向以扩大术野仍无济于事，我只能在术野未充分显露的情况下实施手术。我用手指捏住盲肠，将其轻轻提起，再沿结肠带显露出阑尾，然后即刻用夹子夹住阑尾，轻轻提出，将阑尾置于术野中。由于阑尾末端膨大，呈暗紫色，散在化脓灶，我只好用手指试探着分层切断厚厚的阑尾系膜，然后结扎，最后用钳子夹住阑尾根部。为避免误缝周围脏器，在荷包缝合中仍须用手指遮挡周围脏器，一针一针地围绕阑尾缝合一周荷包，再切断阑尾包，埋其残根，收紧荷包口，逐步术终。这一系列的操作所用的时间足可以做两三个正常的阑尾切除手术了。患者的切口很深，尽管我的手指比较细长，在收紧荷包缝线时也只能用食指尖顶着缝线才能收紧，结扎缝线也是如此。这一手术的操作过程完成后，我的额头已沁出汗珠。助手在拉开拉钩的同时还要往下压着切口，以便缩短手术操作距离，时间长了，他的手也抖了起来。

我毕业刚刚走出校门，就下乡搞了半年时间的“社教”运动，这半年的医疗业务就成了空白。我刚回医院上班不久就遇到了这例急性化脓性阑尾炎手术，这对我有一定难度，而我又只能按照在书本上学到的手法去做手术，操作起来自然显得有些笨拙。

阑尾切除术取麦氏切口，一般切口下就是阑尾，因此很方便。它的唯一缺点是，显露和切除阑尾的过程中，感到术野不够充分时想延长切口又无法延长，只能在又深又窄小的空间里进行钳夹、切割、缝合等操作。这很容易造成对邻近器官的钳夹和划损，或在缝合中将邻近器官连带上，哪怕是一针连到一起都会在术后出现难以预测的后果。这样的术中副损伤的教训在医学杂志上时有报道，因此我在做这例手术时虽操作得很认真很细心，做完手术后心里仍感到不那么踏实。直到手术后第三天患者进食等方面没有异常反应，七天后拆线出院，我才安下心来。后来，我在不断学习中才明白了，在给腹壁脂肪如此之厚的患者做阑尾切除术时，完全可以采用探查切口。这样，即便进入腹腔的切口很小，还可以延长切口，使之得到充分的显露，以便于探查和手术操作，就不用担心术中的副损伤，做完手术后自己就可以睡个安稳觉了。我刚刚毕业，一上手就遇到了这么一例疑难病例，令我至今难以忘记。

一天，同我一起值班的护士问我："张医生，你觉得你刚刚给做完手术的那位患者的长相如何?"

我说："那位女患者长得还算标致。"

这位护士听后对我一笑，说："何止还算标致，她是我们县城的美人。看来你对她的评价还挺谨慎的。"

于是，她便给我介绍了这位患者的一些情况。原来，这位患者在县交通局工作，负责汽车运输业务。当时山区尚未通火车，汽车是唯一的交通运输工具，很多单位和个人办事都有求于她，因此县城内无人不知无人不晓这位看似很平凡却大权在握的红人，她在县城内可谓首屈一指的人物。

如此看来，我遇上了一个既在手术台（自然科学）上十分棘手又在社会活动（社会学部分）中具有无与伦比的才华的人物。给这样的人做这种手术，如果在手术中或手术后出现什么问题，比如，由于她的身体的自然条件，病灶显露得不够充分，手术就很容易造成邻近器官的副损伤，而且在手术中这种情况非常常见并往往被忽视，可是手术后就会显现出来，到那时我可要真的吃不了兜着走了。一旦出现这种情况，对于我这个在临床医疗中刚刚起步的人一定是个不小的打击。庆幸的是，尽管病灶在手术中显露得不充分，我在操作中心里也并不太踏实，但还是成功地做完了这例手术。应该说明的是，取这样的切口，对于腹壁如此厚又无挽救措施，即不允许延长、扩大切口以充分显露术野，就是具有多年医龄的外科医生做这样的手术也只能如此而已。我想，这也许是上帝在考验一位年轻的医生，同时又在暗中保护他不出意外，其用意就是培养他如何在不利条件下安全、有效地完成手术，并在此基础上使他的技术进步更快。因此，遇到这样的特殊病例，对于年轻医生而言可以说是上帝有意所为。

我记得，我到这个县医院后，曾遇到一例因为宫外孕破裂失血性休克的病人。当时急需大量血液，而能通知到的“活血库”只有一人，用代血浆还有一定限量，每人一次只能输血 300 毫升。

当时做这个手术的医生是医院门诊外科一位有历史

问题的老医生，他一方面工作一方面接受改造。而刚到本院的妇产科医生还是个助产士，没见过这种手术，更别说实践了。医院领导只好让这位老医生上手术台，让我们刚毕业不久的医生给他做助手。当时，手术十分紧张，因为患者失血过多，必须分秒必争地迅速控制出血病灶。当切开患者腹膜时，老医生还未来得及捏住出血的动脉，一股血突然喷射而出，他的眼镜和脸都被血遮住。护士赶紧给他摘下眼镜，擦净他脸上的血。在没有戴眼镜的情况下，他居然摸到了出血的动脉并迅速把它捏紧。护士把擦净的眼镜又给他戴上后，他从容地分离病灶并将供应卵巢的动脉结扎（是卵巢妊娠破裂失血性休克）。可是在手术操作中只给病人输净血 300 毫升还远不够用，其血压尚未升至正常，代血浆是有限的，还需配血，但已无血源。我得知病人血型后，迅速去做血交叉，又从我体内抽出 300 毫升鲜血输给病人，至此患者血压才平稳下来，手术得以顺利完成。这位老医生以前曾抢救过这样的病人，但自从被查出有历史问题就再也没有上过手术台，因此医院这次启用他也是无奈之举。他当时的心情很复杂：手术成功是应该的，但一旦手术有个闪失，很可能会同自己的历史问题联系起来，让你有口难言。因此当时他很担心。

患者病愈出院后，患者家属把一筐鸡蛋、一筐核桃等干鲜果送到我家，因为我给患者输血时没有收费，家属十分感动。我们的“活血库”都是有偿的，是“羊毛出在羊身上”，这笔费用也是个不小的开销，这对山区农民是一个不小的负担。患者家属给我送的鸡蛋等被拒绝后，家属马上跪在地上要给我磕头。我迅速把他拉起，说：“病人术后身体还很虚弱，还需要一段时间的恢复调养，这些东西就留给病人吧。我是医生，从人道主义出发，输血是应该的。你就不要客气了。”

我在县医院工作了五六年，在外科还遇到过外伤引起的失血性休克。有一个肝硬化腹水病人，住院治疗期间，突然因为食管静脉曲张破裂大呕血，这是个出人意料、让人措手不及的情况。一天下午，我在巡视病房时，看到他在床上突然坐起，毫无任何征兆地呕吐起来，都未来得及用床头的痰盂接，一股股暗黑色的血液就从口中喷出。我赶快让护士给患者输液，加入止血药，并且加快输液速度，同时给他配血、输血。此时病人的血压已经下降至临近休克，谁也没想到他会接二连三地大口呈喷射状呕血。虽然已加快输液速度，配血也在紧张进行（现找“活血库”的人），痰盂里已有一多半的暗色血液，可是，他仍然不间断地呕血，血压很快降至零，心音也逐渐减弱，病人垂下了头，脸色如一张白纸。一切全完了，患者去世时只有不到 30 岁。晚期肝硬化患者多合并腹水，但像这位病人竟合并如此严重的“食道静脉曲张破裂”，如此一次性大量呕血的情况十分罕见。一般来说，晚期肝硬化不但合并有腹水，还会合并有不同程度的食道静脉曲张。遇到这种情况，有条件的医院会让患者吞服钡剂造影，从而分析其食道静脉曲张的程度，然后采取必要的措施。当时，县医院连 X 光机都没有，而且对一般肝硬化也很少做钡剂检查，之前很少遇到食道静脉曲张引起的如此凶险的呕血。一个年轻轻的生命就这样逝去，令人揪心。

当时，医院外科有三位本科毕业生，其中一名定期出门诊。经常在门诊的一是那个有历史问题的老医生，还有一位是本地中专毕业的老医生，说一口地道的本土语言。这位老医生对一般外科病，包括妇产科疾病都略知一二，从未出现过任何失误，人们都很信服他。他为人和蔼可亲，患者及同事从未见过他发火，人们也爱接近他。

1966 年，我同女朋友回东北旅行结婚，途经北京。当时，我大表哥正在北京的中央高级党校学习，他很高兴地接待了我们，并把我们安排在北京西颐宾馆。这个宾馆是 50 年代初苏联专家援建中国时的居住地。一天晚上，大哥在宾馆内对我说：“这次学习结束后，学校原准备留我在北京工作，可是在我的档案中查到了我二姑

（即我二姨）是地主成分，我因此受了影响，最后没能留在北京工作。”

看大哥的表情，他应该感到十分惋惜，认为这门亲戚让他背上了黑锅。这使我想起了，我家早年之所以家破人亡，流离失所，也是由于二姨家的大小子画福林盗窃后从齐齐哈尔（即大哥老家）跑到我们家，使我父亲受到牵连，最后被判刑，受牢狱之苦，因此我同大哥很有同感。我说：“我们两家都因为这门亲戚遭到很大损失，这笔孽债又该同谁清算？”

大哥说：“四姑家比我还不幸。这门亲戚的光我们都没沾到，倒成了他们的替罪羊，公理何在？”

“因为画福林我家没了三口人，我也因此失去了快乐的童年，成了流浪儿，甚至险些被折磨致死！这可以说是无法弥补的伤害，是世代的仇恨。”

“好了，小弟，如今已被牵连，难以挽回了，还是忘掉吧。过两天大哥请假带你们到北京著名景点玩玩，散散心。你们正在休婚假，我们可不能让不高兴的事给搅了。婚姻是人生大事，一生中只此一次。”

这一天，大哥特意请假，陪我们游览北京城，逛颐和园，爬长城，还请我们吃北京烤鸭，吃“京点”。我们在北京玩了五六天后回到锦西（我爸爸当时住在那里）

登记结婚，然后又去沈阳妻子家。

婚假期满后，我们返回甘肃省某县医院工作。1966年年底，我们有了第一个女儿。她是在大姑工作的省妇产医院出生的，是大姑亲自接产的。妻子因为是初产，产程进展得很慢，分娩过程十分痛苦，大姑果断地使用产钳助产，以缩短产程，减轻痛苦，尽快结束分娩。妻子的产假也是在大姑家度过的。

我爱人未到我们县医院前，县医院妇产科只有一位助产士。我爱人到我们县医院工作后，县医院的妇科及产科的医疗工作也随之开展起来。山区妇女一般即便患有妇产科疾病也很少到县医院检查，主要是因为山区都是盘山路，还要过几条河，走起来很不方便。另外一个原因是，这里的妇女比较封建，不愿意到县医院检查诊治。山区妇女生娃一般都愿意把医生请到家里，而且分娩大多数是在夜间，因此做妇产科工作既要能跋山涉水，又必须能走夜间的盘山路，很辛苦。

最初，夜里需要医生出诊时，医院就让本地的一位老医生出诊，即前面提到的能处理一般妇产科病（当初本院尚无正式的妇产科医生）的那位外科的老医生，他熟悉当地人的习惯而且多年来当地人也比较信任他。后来我爱人出诊时，医院就让他陪同我爱人同求诊的当地社员一起前往，处理完患者后再由这位社员把他们一同送回医院。当时我们那里还没有托儿所，我和爱人白天都上班时，我们的孩子就由我父亲照看。

我到县医院工作两年后同我爱人结婚，婚后她也成为了县医院的妇产科医生，使医院的医疗力量逐年增强。在外科住院部有一位比我早一年毕业的校友，还有两位医士及我本人。我们当时开展的手术以下腹部手术为主，山区的肠梗阻很常见，多数为蛔虫性的，手术以疏散梗阻的蛔虫团块为主，实在疏散不开，就将健康肠管切开小口，取出蛔虫（有的多达百余蛔虫堵塞住肠管）。治疗肠扭转、肠套叠均以手术复位为主，不过有的因时间过长导致肠系膜血管扭结，使供血的部分肠管变为暗紫色，必须切除坏死肠管再吻合。因此，肠部分切除术当时亦能完成，对于上腹手术像胃穿孔可以做胃修补，还可以做胃切除、胃—空肠吻合术。但需要做肝、胆、胰等手术的患者均需转院治疗，如不能转院，就请上级医院的医生来我院手术（他们都自带手术器械）。

我们县医院院长是一位退伍军人，正连级。如果急诊外科手术（多为肠梗阻）做到夜间十点以后，医院都给我们做“手术饭”，这个任务基本上都是由院长自己承担。因为我们医院做饭的师傅只有一个人，负责一日三餐，院长怕影响她休息，就亲自为我们做“手术饭”。常年都是如此。院长给我们做的“手术饭”特别可口，每次都是鸡蛋炒米饭，再给每人做一碗汤。鸡蛋炒米饭端在手上黄澄澄的，软软的，香气扑鼻，从外观、形状到气味都使人胃口大开。再加一碗热腾腾的汤，吃得特舒服，如同秋风扫落叶样汤饭瞬间荡然无存。院长看我们狼吞虎咽也很高兴，等我们吃完后院长洗完碗筷、将灶具等收拾利索后才回家睡觉。

我们医院每年都派医务人员下乡巡回医疗，是轮换制，一般为期三个月。

该县所属的各个公社都处于重重叠叠的高山峻岭中，县城是该县最大的平原地，其面积也只有几十平方公里，从县城到各个公社没有公路，全是弯弯曲曲的羊肠小路。当时，我们医疗队住在生产大队的队部。清晨，我们背着出诊包到各生产队的农户家巡诊时，登上任何一个山顶，都能看见山下的沟沟岔岔里的一缕缕蓝色的烟雾，覆盖着每户人家。再细看还可以看出，每家房顶上也是“狼烟四起”，如同房屋着了火一般。走进农户后会发现，他们正在屋子中央架着劈柴“烤大火”。男人蹲在火堆旁抽着水烟，喝着罐罐茶，为新的一天的劳动做准备。

屋里的烟是如何飘到屋外的呢？原来，山里人盖房时，搭好房架后，将柳条或竹子编的网铺在屋架上，然后再在网上扣上一排一排的青瓦。山区很少刮风，因此下雨时，雨水不会被风刮进房内，而是顺着瓦片流到地上。夜里躺在炕上，可以看到璀璨的星光。屋内升起大火后，烟就会从屋顶冒出去，因此，站在山顶上看，每一户都像着了火似的“狼烟四起”。男人从来不坐，而是蹲在大火旁，先吸几口水烟，然后把燃烧后剩下的炭火拨到火堆旁。烟袋是用很细的羊“管骨”做的，在羊管骨粗的一端挖成一个小烟袋锅，先将烟丝捻成同烟袋锅大小相当的球球，然后塞进烟袋锅中，再用钳子夹起一块炭火将其点燃。男人吸烟时，只见烟锅里的烟一亮，但见不到烟从烟嘴里出来，原来他把烟全部吸进了肚里，这在当地被称为“一口香”。一烟袋锅烟吸一口后就变成了烟灰，吸烟人将烟灰从烟袋锅内吹出，然后再点上一锅，如此反复，吸上三五口烟后就过足了烟瘾。接着，男人拿起一个用黏土烧成的小罐罐，罐罐很小，大小如酒杯，里面也就能装一口水，罐罐侧边有一个把儿，可以用手捏着。男人把罐罐茶装入小罐罐内，倒进水后把罐放在炭火上，水开时，用小树枝把浮在水面上的茶叶不断地往下压，直到罐中的茶水变成深褐色。等茶水的温度适宜时一饮而尽，也是一口，然后再往罐里续水，继续放在炭火上熬，如此反复，喝了三五口这样的茶水亦足矣。喝了这茶水爬一天山路都不渴。

男人抽完烟喝完茶后，妻子便起床去做饭。山里人的房顶看不到烟筒，那烟是怎么从灶坑出去的？原来，房山墙上有一个小洞，当她升起灶火（当地称为“小火”）时，烟就会经炕洞从房山墙上的洞洞飘到外面。山里人喜欢吃浆水面，将白菜剁碎后倒入米汤，然后放在锅台旁发酵，将面条挑在碗中，再把事先用葱和菜籽油做的浆水倒在面条碗里，有时还要加点儿辣椒油，搅拌后（这里人吃饭用的碗相当于我们的大号碗）就各自找一个地方，蹲在地上吃起来。他们吃饭一般都不准备桌椅。这种浆水面吃起来酸酸的并带些辣味。

有一回，我们医院一位当地的老医生（即前面介绍的那位外科、妇产科病都能处置的医生）去省医院参加学习班。在会议室开会时，大家都坐在沙发上，可他偏偏不习惯坐沙发，而是蹲在沙发上。其他人都觉得很好笑，可他却觉得无所谓，可能是习惯成自然了。

我们在山区巡回医疗中，有时可见到山区的“痴呆儿”，被提起时就像面条一样，被放下后就成了一个肉蛋蛋。因为数量不少，国务院曾于二十世纪五六十年代专门派专家组前去考察并研究这种病的发病原因。据当地人说，曾有两三个专家组来此考察，可是没有任何结果，也就不了了之了。这里的一户中有多个姓氏，婚姻关系有时也不十分清楚，不分亲属与否。是遗传原因还是水土问题目前尚不得而知。

那里有些山里人还住在窑洞里。有一天，我们巡诊经过一个土山包时，看到土山包的南侧垂直面就像被刀切的一样。我们走到垂直面对面，才发现在这个垂直面上还有窗户、门。一位妇女正坐在门前晒太阳。她发现我们背着出诊包就同我们打招呼："医官（当地人对医生的称呼），你们能不能用那个机器（即听诊器）给我查一下，看看我肚子里是喜（怀孕）还是祸（疾病）？"

我们明白她的意思后，回答说："完全可以。"

我们沿着一条小道走下去。她把我们带进她家宽敞明亮的窑洞内。

我让她躺在炕上，给她做了仔细的触诊和听诊。当时已经能听到胎心音了。检查后，我笑着对她说："你肚里的包块不是'祸'，是'喜'啊，好好保护他，将来一定会生个大胖小子的。"

她抿着嘴笑了，然后要去给我们烧茶。我道了一声"谢谢"，然后又问道："你们住的窑洞冬天冷不？夏天热不？下大雨会不会被冲坏？"

她说："我们的窑洞好着呢，冬天不冷夏天不热，也不会被雨水冲坏。"

一天，一个当地社员向我们报告说："我们生产队的熊书记看守玉米地时后背被一只大黑熊抓伤了，骨头都露出来了。”

我们全体医疗队员倾巢而出，跟着报信人急速奔往书记家。我们不知翻了多少座山，蹚过多少条河，终于来到一个较开阔的山沟旁。我们走进熊书记家，看见他的脸肿得像个发面馒头，双眼肿得只剩下了一条缝儿。几个人扶着他。他光着上身坐在炕上，后背血肉模糊，有好几个横竖交错的很深的伤口，其中有一条纵向的被熊爪抓得很深的大伤口，肋骨都露出来了。我们先用生理盐水给他冲洗露出骨头的那个最深的伤口，将伤口里的脏东西一点儿一点儿地用钳子夹出，反复冲洗后，用碘酒和酒精彻底消毒。看到创面有新鲜的血渗出后，我们用钝器试探了一下，确定尚未与胸腔相通。我们给他局麻（局部麻醉）后作了清创层层缝合，用酒精消毒缝合的伤口后，再用大块纱布进行压迫包扎。如果背部露肋骨的伤口感染，可能直接侵入胸腔，造成“脓胸”，问题就要严重多了。我们处理完最重的伤口后，又对其他伤口分别消毒、清创、缝合，然后予以包扎。然后，我们用棉签蘸着盐水，将他双眼睑内的杂物清除，然后用红汞一点儿一点儿地给他肿胀的脸消毒。最后，我们让伤者侧卧，给他连续滴了三天滴流（加入抗菌素）。

换了三次药后，熊书记背部的伤口没有发生感染，开始愈合。

事后，熊书记对我们说："每当地里的玉米要成熟时，山中的熊或野猪都要下山糟蹋粮食，一不注意一片玉米地就会被夷为平地（山区的地都是一片一片的，农民见缝插针地在较平整的地方播撒种子）。每年这个季节我们都派人去看守，防止这些野兽糟蹋庄稼。眼看辛苦一年就要成熟的庄稼被野兽糟蹋，我们都很心疼，我们就手提个大木棒到地里查看。一般来说，野猪或者熊看到人手中拿着棍棒过来就会离去。那天，我看到一只大黑熊把玉米踩倒了不少，便手提木棒走过去，见黑熊没有反应，我一边吆喝一边向它靠近。那只熊仍不肯离去，继续掰啃玉米棒，还时不时地看看我。我急了，举起棒子想吓唬吓唬它，让它赶快离开，就又往前挪了两小步。见我离近了，它突然转身举起大熊掌照我的脸上搧了过来。我来不及躲闪，被这重重的一熊掌打趴在地上。我只觉得眼冒金花，没敢站起来，也不敢面对它了，我就趴在地上。它又扑过来，使劲地抓起我的后背。我觉得后背钻心地疼，忙顺着山坡不顾一切地滚下去，掉到了山沟里。那只熊没再追我。后来，我被队里的看庄稼人发现，把我背回家，我才算保住了性命。

"山里的野猪也很厉害，常常在每年春天小麦刚刚露出地面时出来糟蹋庄稼。有时候，母猪还带着它的一群猪娃齐乎拉地从麦地的一端一直拱下去，瞬间，一片麦地就被野猪拱得‘禾苗垄亩无东西’。不过，一些野猪看到人拿着棍棒大声吆喝就会赶紧溜走。因此，山里人种庄稼，即使天公作美，风调雨顺，想要有好收成也不是一帆风顺的。山中的野兽也是一种灾难。”

一天傍晚，爬了一天山后，我们的身体像散了架似的。我们回到所住的大队部，洗漱后正准备睡觉时，来了一位社员，对我们说：“我的亲属生孩子，不知为什么就是生不下来，全家人及接生的都一筹莫展，请你们快去看看。”

我们赶紧带上必备的用品及药品，倾巢而出。天色黑黑的，社员带着我们，深一脚浅一脚，也不知过了几道山，蹚过几条河，终于赶到了产妇家。我们刚要进门，看见男主人手举着砍柴刀，不停地敲打着门框。我们吓了一跳。带路人对我们说，他是在驱魔鬼。

我们进屋后，看见地中央燃着一大堆火，产妇正躺在炕上大声呻吟着，满头大汗。我们的护士马上走上前去，边给她擦汗边说：“请不要紧张害怕，我们是医生，一定会让你顺利分娩的。别急，安静些。”

原来她是一位初产妇，很年轻，临分娩时心里很害怕，精神紧张，已经持续三四个小时了，可产程就是没有进展。我们分析，由于是年轻的初产妇，因此精神很紧张，产程又持续这么久，由于出汗、脱水，全身已处于极度疲劳状态，哪还有分娩的力气。我们安慰病人后，决定先给她补液，纠正脱水，再加入些高渗葡萄糖以补足身体能量的消耗。

当这些处置都完成后，护士问产妇："现在感觉怎么样了？"

"好多了。"

"那好，听我说，你要同我们配合好，让你怎么做你就配合，这样分娩会很快结束的，好吗？"

产妇终于露出了笑容，说："我听医生的。"

这时，由这位护士监视产程，保护孩子及产妇的会阴，避免分娩中撕裂。另一位医生让产妇闭住嘴，用力鼓肚子，然后适当地压产妇的腹部，以增加腹压。胎儿很快顺利娩出。护士给婴儿擦干净口鼻，拍打了几下婴儿的背部，听见婴儿"哇"的一声啼哭后，处理好脐带。是个男孩，护士赶快给产妇看，产妇笑得嘴都合不上了。此时，爸爸丢下砍柴刀，又递烟又献茶，均被我们谢绝了。这位社员把我们送回大队部时，天已蒙蒙亮了。

山中常常能见到蛇，多数是无毒的。

有一天，我们走在山谷中时，无意中惊动了一条大黑蛇。为了躲避我们，它使劲地往山坡上窜，却一下子滑了下来，落进山中的溪水中。我们好奇地向它投掷石块，它竟带着一种攻击架势，逆着溪流向我们游来，将头连身子的一部分离开水面，而且游得很快。就在它快要追上我们时，一不做二不休，我们几人拾起岸边的石头，朝着蛇一阵“狂轰滥炸”，终于把它砸死在水中。然后，我们又用拄的木棍把它从水中挑到岸边。这条蛇有一丈多长，如同一根木棍粗细，这种被山民称为“黑鸟哨”的蛇毒性特别大，如被它咬伤，抢救不及时就会丧命。

还有一次，我们在山谷中走累了，看到前面不远处有一大块花岗石，想坐在石头上休息一会儿。我们走近后，发现石头上有一条麻绳。我心想，是谁休息完后把用麻绳拧的腰带忘在这里了？我走近石头，正想拾起绳子，绳子突然动了，然后很快地溜下石头跑了，把我吓得一哆嗦。原是，这是一条蛇，正趴在石头上晒太阳。

不仅在山谷中有蛇，有时候在社员家里也能看见蛇。

有一天，我们给一位社员看完病，正好是午间，社员便留我们吃午饭。我们坐在炕上的小桌旁，端起碗，正要吃他们做的浆水面，我们的一位护士突然惊叫一声：“蛇！”她丢下碗筷，跑到门口，然后用手指着从草棚上垂下来的一条像绳子一样的蛇。

社员听到惊叫声，赶紧跑进屋，看到草棚上垂下来的蛇，很平静地说：“这种事儿在我们山里比较常见。当面条碗端上桌时，尤其是用浆水、辣椒油搅拌的面条，这种蛇就会挂在你的头顶上，你用小棍一碰它，它就会缩回去。”说着，他用小棍碰了一下蛇，蛇果然缩回去了。他继续说：“但你不要打死它，否则其他的蛇会来报复的。这种蛇多数无毒，仅少数是有毒的蛇。”

被毒蛇咬伤的事时有发生，因此我们的出诊包中都备有专治毒蛇咬伤的药——季德胜。这种药治疗效果显著，一般在被蛇咬伤处敷上药粉，包扎好就可以了。但如果被毒性较大的蛇咬伤，还要内服季德胜药片，甚至需要输液。

大山中的社员虽然不像大城市居民那样普遍患有心脑血管病、老慢气、肺心病等，但上述那些意外伤害及妇产科病还是时有发生。虽然也有患心脑血管病的社员，但没有城里人那么严重。

为了使山区农民就医方便，医院每年都要派巡回医疗队到县属的公社、生产大队、生产队一家一户地巡诊。由于山区交通不便，各公社间没有公路，甚至由县城到各公社间都没有公路，更无公交车可言，消息十分闭塞，社员间很少往来，正所谓“鸡犬之声相闻，老死不相往来”。由于山高谷深，地无三尺平，村民又住得十分分散，从一家去另一家巡诊，常常要翻山越岭走两三个小时。

有一天早晨，我出诊时，晨露尚未消失，由于厚厚的草路很滑，加之又是坡路，我走在山坡上的草地上，一不小心滑了一下，跌倒在草地上。幸亏山坡上有些小灌木树，我当即抓住一棵小树才幸免于难，要是滚下山底，后果难以想象。

有的小路无奈修在悬崖峭壁上。先在峭壁上打出一个个孔，再把一根根木桩子打进孔中，然后在木桩上铺上用竹子或柳条编的厚厚的垫子，供人行走。在这样的小路上行走，必须用手扶着峭壁一点儿一点儿地往前挪步。峭壁下面是深水潭，看了让人头晕，当地人称这种小路为“手扒崖，蛇倒退”。我们边走边默默背诵：“下定决心，不怕牺牲，排除万难，去争取胜利！”我们每次走过这样的小路后都会一下子瘫软在地上……

这里除了山就是河，因此，“出门就过河，走路就爬山，山山水水处处艰，一走就是多半天”。各大队、生产队很少开会，一家一户都是“日出而作，日落而归”比较原始的劳作方式。这里主要农作物是小麦、玉米、豌豆，基本不种菜，只种些辣椒、马铃薯。这里山清水秀，看不到像陕北的黄土高坡，虽然到处是岩石、大山，山坡上的植被却很繁茂。在这样的山坡上播种的小麦、玉米，不用施任何肥料（与植被繁茂、降水量充沛有关）

就可以获得好收成。由于这里的空气很新鲜，生态环境良好，在这里生活的人几乎没有得心血管病、脑血管病、高血压、支气管炎、老慢气、肺心病的，甚至连得结核病的都没有，老人、孩子患伤风、感冒都很少见。因此我想到：这里的人们很少患病与这里的良好环境是密不可分的。可是，山高谷深，又没有交通工具，当地人一旦患了城里人得的那些急性病，又该如何实施治疗？这也许得益于“天意”吧。

当时，我们每天都要跋山涉水，常常要翻几座山、蹚几条河去巡诊，有病人就为病人诊病、治病，没病人我们就权当锻炼身体了。当时，要把一个公社的各生产队及农户不重复地走上一遍，一般都得几十天。

我因事离开县医院后，县医院里就剩下了我父亲一人。因为县城内发生武斗，无法正常工作的人纷纷离开工作单位，有的逃回了老家。在这种情况下，我爱人也带着孩子回了老家沈阳，我离开县城后也无法返回了。据父亲后来说，县城内武斗最严重时，不时有子弹由窗户飞进屋里，打在北面墙上。他每天夜里在医院的家属房间里睡觉都提心吊胆的，因为起身就有被子弹击中的可能。为防备意外发生，我父亲就抱着被子滚到地上，躺在炕沿根儿，直到天亮。后来，我们医院一位医生的家属（本地人）把我父亲安排到县城的“上城”暂住。

这里是县城的老城区，比较安全。直到形势好转后，各单位的工作人员才纷纷返回本单位工作。我和我爱人把孩子留在沈阳的姥姥家，然后回到县医院工作。

后来，因为孙女不在身边，不再需要老人照顾，我父亲返回东北老家，过晚年生活。

七

六十年代末，父亲从兰州退休后返回东北辽宁锦西，暂住在姐姐家。两年后，为了让我照顾年迈父亲的生活，组织同意我回到东北照顾老人。我调回东北锦西镇，原本是为了照顾父亲的晚年生活，却被派往农村。要不是父亲当年响应国家支援西北建设的号召，从现代化城市哈尔滨义无反顾地前往大西北，我们也不可能离开这座城市。如今，父亲老了，要返回家乡，却连一个小小的锦西镇都容不下我们。为此，老人感叹道：这太令人失望了，于情于理都无法讲通。可是我们当时也无可奈何，我也不能因此再返回原工作单位。我只好每天骑自行车往返于城乡间。

这个公社位于一个丘陵地，有的地方还得推着自行车走，因此我骑自行车上下班也省不了多少体力。当时，我每天都要起早贪黑奔波百八十里于城乡间，到了村卫生所也不能坐诊，还得去各生产队巡诊，几乎整天都没有休息时间。当时的物资供应也很匮乏，经过这样折腾的消耗后，我的身体终于透支了。我原本患有眩晕症，由于过大的精神压力和体力消耗及营养不良，我的病经常在路上突然发作，吓得我赶紧把车子丢下，趴在地上不敢动，就觉得天旋地转，同时觉得恶心……症状慢慢缓解后，我才能骑车继续赶路。那时，即便我早晨只喝点儿大米粥，半路也常常腹泻，排出的竟仍是大米，可见我当时的消化功能已经衰竭。有一年春节，我同全家人一起吃年夜饭时，眩晕症又突然发作，"嘭"的一声我的前额重重地撞在桌子上……

自己虽然是医生，也服用了不少药，这种频发、突发的病就是不见缓解。我当时已意识到，这和没有从根本上解决问题有关。自己当时对生命还能持续多久有些茫然……此时，我又想起了在兰州的大姑，不知她老人家命运如何，是否已经被解除隔离审查。于是，我在当地农村买了三斤小花生米，这种小花生米在兰州是绝无仅有的稀罕食品。我把花生米寄给大姑，同时还写了一封信。不久，我就收到了大姑的回信：“我已被解放了，仍然担任本院的院长。现在省妇产医院已被破坏得面目皆非了，设备也残缺不全。总之，一切都得从头来。我已经向省政府写了三份报告，就等上级派人视察后再定。

“玉琢，你寄来的小花生米已收到。我让保姆给我炒了点儿，哎呀，这小花生米可真香！街上卖的都是大花生米，跟这小花生米无法相比。它酥脆松软，香味久久不散，令人难忘……”

看着这封信，大姑的形象又浮现在我眼前……

不幸的是，两年后，噩耗传来，大姑去世了。据保姆讲，当天上午，大姑陪同上级领导检查医院的设备破损情况，楼上楼下地忙。中午，保姆给大姑做了面条，大姑端起碗刚吃了两口就开始流口水，随后趴在桌子上不省人事。根据上述情况分析，大姑很可能死于“急性大面积脑出血”。后来，省政府根据大姑生前职务，将其骨灰安放在省某某公墓。

八

我从医学院毕业后，先后经历了“农村社会教育运动”等一系列重大运动，可谓“雄关漫道”，直至1980年才返回城镇，进了医疗设施较好的某矿务局医院。可在这十余年里，在学校所学的医学基础理论和临床理论知识由于长期派不上用场，已忘得所剩无几，因此还必须“从头阅（越）”。

我于1980年被调到辽宁省某矿务局医院，时隔十余年，我再次回到医院从事临床外科工作。而当时我的水平充其量也不过就是个赤脚医生，因此弥补的唯一办法就是结合当时的临床外科实践需要，重新复习过去所学的医学基础理论和临床理论知识，使临床外科工作建立在扎实的理论基础上。但这还不够，我知道自己缺乏临床实践经验，于是订阅了当时陆续复刊的《临床外科》、《中华外科》、《中国实用外科》及《中级医刊》等杂志，以在临床工作中参考应用，并在学习中结合临床外科手术需要有针对性地学习。另外，自己还在实践中不断总结，以提高自己的理论和技术水平。

基层医院不同于有条件的大医院。在大医院，有主任医师、副主任医师和主治医师层层把关，在临床外科工作中遇到问题可以随时请教，甚至在手术台上遇到问题都可以随时请教。基层医院没有这种条件，遇到问题只能靠自己。

我经常反复学习、反复思考，以加深记忆，有适合自己临床需要的部分就在实践中去应用。实践证明，这是一个有效的学习与实践的途径。当时，矿务局医院的工作以创伤外科为主，主要是治疗复合性内脏损伤。我就仔细地将《临床外科》等杂志刊登的手术操作方法进行学习，甚至对个案报道等重点加以记忆。一般在井下发生的都是急性闭合性损伤，需要紧急处理。只有平时心中对抢救步骤有充分的准备，才能有条不紊地实施抢救手术。我以前在县医院外科工作时也曾做过一些失血性休克类的紧急手术。

病例一：一位井下工人因井下跑车被撞伤上腹部，当即昏迷五分钟。血压为84/60mmHg，脉搏为102次/分钟，全腹均有触痛，以上腹为明显，在抗休克中紧急剖腹探查：腹腔积血约3000毫升。脾脏呈粉碎性破裂，迅速捏住脾蒂以控制出血，再分离脾周围韧带，然后逐步切除脾脏。肝脏同样呈粉碎性破裂，清除其游离碎块后，将肝脏破碎边缘的没有生机的肝组织清除，结扎断裂的血管（当时尚未发现明显的肝胆管损伤）。沿肝脏创缘用10号线进行褥式缝合，以防术后继发出血，然后再分别予以结扎缝线，再用大网膜包裹固定在肝创面上，用止血明胶海绵填塞，最后，由右上腹置引流管引出体外。

病例二：井下镏子板挤伤。入院诊断：左胸多肋多段骨折并血气胸、左肺挫裂伤、纵隔移位、创伤性休克，收入住院。经抗休克、左胸腔闭式引流、左肋骨骨折固定、预防性使用抗菌素后，患者住院八天后拔出其胸腔闭式引流管。此前患者的病情稳定，可是，拔出其胸腔闭式引流管的第二天，患者突然发烧并咯出鲜血，呼吸臭味，再度休克。经拍胸片发现，其左五肋下呈高密度片状阴影，胸膜增厚。

经左五肋剖胸探查（外请胸科教授）确定：胸腔内积血为陈旧性，约800毫升，左肺下叶广泛挫裂伤，呈灰色，有臭味，创面覆盖脓苔，与壁层胸膜呈条索状粘连，未见活跃出血。决定行左肺下叶切除，剥除左上叶部分纤维组织、脓苔，以恢复上叶肺组织呼吸功能，清洗胸腔，鼓肺未见漏气及活跃出血，压扎左膈神经，于原引流口处引出胸腔闭式引流管，关胸。

培养脓汁及痰，均为副大肠杆菌，药敏实验结果：所有抗菌素均不敏感。最后只能采取加强支持疗法，如输入水解蛋白、复合氨基酸及鲜血。恢复顺利出院。

翻阅有关杂志提示：对于肺挫裂伤不要使用大剂量广谱抗菌素，因为大剂量广谱抗菌素同时会把上呼吸道"共居菌"杀灭，而它们所分泌的毒素可以杀灭致病菌，因此，它们被杀灭会使致病菌繁殖更快。

上述两个病例，在我的医疗生涯中之所以留下了深刻的印象，首先是因为这两个病例广泛而严重的复合性内脏损伤是我第一次见到。如在第一个病例中，在同一机体内的两大实质脏器均遭到强大的闭合性撞击伤，如同爆破中被炸碎的飞石一样，腹腔内遍布两大实质脏器的碎块，失血量也相当可观。其次，对如此严重的损伤如何处理？处理的原则是什么？程序又该如何进行？面对复杂的伤情，首先不能慌张，要用冷静、理性的思路去选择处理顺序及处理方法。

有时我自己也觉得奇怪，原本很紧张的场面，临到实际操作时，为什么自己反倒突然变得十分冷静，可以仔细、全面地去操作了？其实这一点早在我学生时期的各种类型的考试中就得到了体现。因此，在处理这种闭合性、复合性较复杂的严重损伤时，我的思路十分清晰。首先给患者做了脾脏切除手术，因为从生理解剖的角度看，脾脏组织比肝脏组织更脆弱，不能修补，更易出血不止。然后，我又给患者做了肝脏破碎组织的清创及修补。回忆起来，我对手术的结果还是比较满意的，当然，这种大型手术的成功是集体的功劳。

在处理第二例井下镏子板挤伤胸部致多肋多段骨折、血气胸、纵隔移位、左肺下叶挫裂伤的患者时，初期处理（包括抗休克、肋骨骨折固定、胸腔闭式引流等治疗措施）后，患者的病情处于稳定状态。对于严重左肺下叶挫裂伤，如果没有坏死的肺组织，用胸腔闭式引流，预防感染也有可能治愈。但是如果肺组织有坏死，容易继发感染，采取简单的胸腔闭式引流就无法治愈。伤者再度发热而且呼吸带有臭味，足见胸腔的挫裂肺组织已有坏死，单用胸腔闭式引流已达不到治疗目的。因此必须果断实施手术，以清除坏死的肺组织，同时剥除包裹在正常肺组织上的残存的厚厚纤维层，使正常的剩余的肺组织充分舒张，从而最大限度地完成肺内的气体交换。如果不将坏死的肺组织清除，难免发生继发感染。杂志上说，广谱抗菌素会杀死上呼吸道“共居菌”从而无法控制继发感染，其实这并不是始因，因为只有将坏死肺组织清除就不会继发感染了。因此，就是在临床中不使用大剂量广谱抗菌素治疗如此严重的肺损伤，即便保护了“共居菌”，也难以控制非常严重的继发感染，所以还得进行手术，清除坏死的肺组织才是关键所在。

我想顺便提一下，我这位患者胸外伤治愈后去上海做“胸改术”的不平凡经历。“胸改术”也可以说是治疗的一部分。切除左肺下叶坏死的肺组织，剥离覆盖在正常肺组织上的厚厚纤维层及壁层胸膜上的纤维组织层、脓苔后，由于许多种手术操作尤其剥离后留下的创面，手术后的粘连也是无法避免的，因此手术后多肋由于粘连而形成了“辐辏状”，胸部也因此部分塌陷、畸形，呼吸受影响，因此康复后仍需进一步做“胸廓成形术”，即胸改术。

于是，患者于1983年5月由沈阳桃仙机场乘飞机去上海。大家可能还记得，这一年在沈阳桃仙机场起飞的飞机上发生的新中国成立后首例“劫机事件”。

这天早晨，一辆红旗牌轿车驶出沈阳某工厂厂区，到达桃仙机场后，从车上走出一位中年男子，他就是卓长仁，也乘我这位患者所乘的班机。飞机起飞后不久，他离开座位，迅速走进驾驶舱，逼迫飞行员改变飞行航线，命令他飞往韩国首都汉城（今称首尔）。

当时飞行员称："飞往汉城油料不够用。"

劫机者称："你给我老老实实地按照我说的航线飞行。我早已计算好了，从沈阳飞往上海同沈阳飞往汉城所需油料一样。如果你不按照我的吩咐去做，我就叫你机毁人亡。"

飞行员继续往前飞行了一段时间后，卓长仁在飞行员的身后举起手枪，逼近他的脑袋。飞行员被他这一突如其来的举动吓得一走神，飞机从万米高空一下降至距海平面几百米高度，飞机下的海浪已清晰可见。飞机上的乘客惊慌失措，有的女乘客已经尖叫起来。许多乘客的心悬起来，不知所措。眼看飞机就要坠入大海中……片刻后，飞行员又操起驾驶杆，飞机才又渐渐爬上蓝天，向汉城方向飞去。飞机上的乘客有的眩晕地趴在座椅上，有的呕吐不止。经过这一番折腾后，机上的乘客终于又慢慢地恢复了平静。最后，飞机安全地降落在汉城机场。

我的这位患者后来回忆说："直到飞机落地的那一刻我的心才踏实下来。那简直是一场噩梦！劫机者卓长仁被韩国警察带走。我们飞机上的乘客又如何处置？据韩国当局透露，中国政府要求把劫机者引渡回中国，但韩国当局称，劫机者要求去中国台湾政治避难，只能让民航飞机和机上的乘客返回中国。就这样，他们把卓长仁扣留下了。机上的乘客返回中国前夕，受到了韩国的礼遇：乘坐韩国的大巴车到韩国大工厂参观，所到之处受到了热烈欢迎，还给我们赠送了一些纪念品，让中国公民看看韩国人自由、幸福的工作和生活。真没想到，我们在这次劫机事件中能死里逃生，更没想到，到了韩国还能免费参观旅游。”

后来，他们所乘的航班客机又返回了沈阳。据说，劫机者卓长仁后来被韩国引渡去中国台湾了。台湾当局当时很欢迎大陆的叛逃者，因为他们能给台湾当局提供情报。据说，台湾当局在桃园还给他房子住，可是待了两三年后，他在台湾又闹事了，还闹出了人命案。台湾当局感到他没什么利用价值了，最后还是送他上“西天”了。

后来，我的那位患者又回到我们医院（因为他是我们矿务局员工）看我，给我讲述了那段不平凡的旅程。

我问他：“还准备何时去上海做‘胸改术’？”

他说：“起码今年我是再不想去了，明年再说吧。”

临走时，他还把在韩国逗留时韩方赠给他的小纪念品中的一支圆珠笔送给我作为纪念。

在手术实践中，既要大胆实践又要细心、冷静地全面处理手术中所遇到的问题，这些经验都是我通过学习慢慢获得的。还不要放过围手术期的仔细观察，细心分析出现的问题。及时处理出现的问题非常关键，我已养成了对手术后一周的患者进行仔细观察和发现问题及时处理的习惯。即便下班回家吃完晚饭，睡觉前我也要去医院观察一下，手术后患者的病情恢复是否平稳，然后才能安心睡下。

当时，不仅对矿区员工及家属，对患有外科疾病的当地居民及周围社员我们也是来者不拒，尽最大努力让他们就地治疗，一般不外转，以方便居民就医。基层医院不像大医院分科那么细，基本就是一个“大外科”，医生必须掌握各种外科的基本理论和手术操作原则，也就是说，作为一个基层外科医生，必须时刻都有这些思想准备，必须时刻绷紧学习这根弦，否则将一事无成。

我还记得，有一天，外科门诊收进一个三个月大的女婴，以“脊柱包块待查”入院，住院诊断为“脊髓脊膜膨出症”（这是神经外科疾病）。我在《临床外科》杂志上见过关于这种疾病的报道，过去也学过医学基础理论，对于这种疾病的病理解剖及手术操作要点我已经熟记在心了。虽然患者年龄偏小（一般手术要在6个月以上），今天既然收进这样的患者，我决定做这种手术。在做好充分的术前准备后，手术前，先给患者肌肉注射镇静剂（因为婴儿一般不合作，尤其是才三个月大的婴儿）。在患者基本处于睡眠状态下，于切口处再作局部麻醉，然后再逐层切开，小心地分离包块周围组织后，切开包块被膜：其中充满无色透明的脑脊液，可见部分脊神经纤维与被膜轻度粘连，但轻轻地就分离下来。此处一定要细心，必须小幅度地轻轻剥离，如果将神经纤维剥断，后果将难以估量。将神经纤维剥离后送回脊髓腔内，此刻还要注意，脊液不能丧失过多，也不能流失过快。将其被膜及外层组织再分别重叠加以缝合后，再通过增加腹压观察，当无脊液渗出后，最后缝合皮下、皮肤。患者被送回病房后，我向家属交代，护理重点是看好孩子，她小便时绝不能让尿液浸入敷料中，否则影响切口愈合，甚至会使切口感染，留下后患。

在次日早晨的交班会上，科主任听完护士交班报告后，问当班护士："你们在护理上发现什么问题没有？"未等护士回话，科主任就向全体医护人员宣布："昨天做手术的小孩发生了'脊髓漏'！"

我听他这么一说，顿时一怔，心想：不可能啊，脊髓脊膜膨出部分的缺损使用重叠缝合以加强其局部，预防复发及术后渗漏的风险，缝合致密，同时还特意增加腹压后也未见有脊液渗出，怎么会漏了？于是，我没有多想，赶紧去病房查看患者，发现患者腰骶部厚厚的敷料的确湿了！我感到很困惑，赶紧到换药室把换药用的东西准备好，然后托着换药盘来到患者床边。我层层揭开敷料，在揭最后一层敷料时，看到敷料并没有湿。我揭去最后一层敷料后，看到切口并无渗液，也无红肿。我用敷料块轻轻压了一下切口，也无渗液出现。于是，我拍打了一下患儿，令其大声哭以增加其腹压，观察其切口有无渗液溢出，结果也无渗液。最后我问患儿的母亲："孩子昨夜是否撒尿了?"患儿母亲说："昨天后半夜我实在太困了，因此睡着了。孩子可能尿了。"至此我一颗悬着的心终于落了下来，原来是孩子撒的尿浸湿了臀部及后腰骶，也就是敷料包扎的部位。弄清事实后，我回到办公室，向主任阐明："敷料是患儿尿液浸湿的，切口无任何渗液，亦无红肿，根本没有'脊髓漏'发生。"主任听后，敷衍说："啊？啊，没有漏就好。"

我当时不理解的是：即便主任真的发现有问题，为什么不事先同手术医生沟通一下？再说，对于敷料湿的问题哪怕向患儿母亲简单地询问一下情况也可以。这些工作他都没做，就迫不及待地向全科的医护人员宣布丝毫不符合事实的结论，是否太主观武断了？而且他采取这种方式也令人怀疑其目的是否有利于工作，或其还有其他目的。

还有一次，一个患急性化脓性阑尾炎的患者，在手术后出现"气腹"。这位主任事先发现了"问题"，却没有在科内讨论，也没有同手术医生沟通，就在次日早晨的交班会上宣布："昨天做阑尾切除手术后发生了'阑尾残端漏'！"听了他的宣布，我又紧张起来。怎么会漏了？于是，我又亲自检查了一遍患者，发现患者状态良好，体温、脉搏、血压等生命指征均在正常范围。一个"术后漏"患者的机体为什么没有任何反应？再者，即便患者手术后阑尾残端漏了，也不会有那么多气体。这气体又是从哪里来的？

正当我百思不得其解时，主任又宣布：再度"开腹探查"。一般患者住院期间再手术是要慎之又慎的，他却没有组织科内讨论就匆匆作出了这样的决定。再度开腹探查结果：腹腔内溢出多量的气体，无任何渗液，检查阑尾残端包埋、结扎可靠，局部无红肿等炎症表现。这一切老主任在场都一一过目。最后我向主任请示时，主任将眼镜摘下，闭目片刻又戴上眼镜说："这气体是从哪里来的呢？先关腹吧。"最后检查腹腔引流器，结果，减压器的管子不是负压吸引腹腔内的气体与液体，而是源源不断地向腹腔内充气！结果引起科内一片哗然。

最后，科护理部做了深刻的检查，并表示，今后在护理工作中一定要认真、仔细地吸取这次工作中的教训。如果在科内事先讨论并分析一下这个病例，也许能找出问题所在，会发现腹腔这么多气体，胃肠内是难以容纳下的，就能找出外在因素，也许能够避免患者再受手术之苦。主任匆忙地下指示究竟为什么？这又是一个令人怀疑的问题，而且刚好这个手术又是我做的。

还有一次，一位因胃溃疡穿孔的患者做完“胃溃疡穿孔”、“胃大部分切除”、“胃－空肠吻合”手术后第三天，出现高烧，经治疗仍高烧不退。老主任又怀疑是手术本身问题，因为这次手术也是我做的。但他这一次变得慎重了，自己先翻阅了一下手术记录，想了解我的手术是怎么做的。当看到手术记录上记载的是“弓下游离大网膜”时，他先是一怔，然后问另一位高龄医生：“弓下游离大网膜你做过吗？”得知这位高龄医生也没做过后，老主任对这位高龄医生说：“看来患者发烧不退是‘手术式’的问题。你想啊，弓下游离大网膜把胃－网膜动脉给切断了，使游离下的大网膜没有血液供应，它必然要坏死、液化，结果导致术后患者高烧不退……我发现，这个医生好‘标新立异’，这在临床上是个很危险的动向！”停了片刻，见无人接茬，他又说：“我看，这位术后高烧的患者得重新开腹探查，你的意见如何？”那位高龄医生说：“主任，你还是先同手术医生本人沟通一下，了解一下具体情况吧。”“我看没这个必要，他就是想‘标新立异’。这个人啊，不撞南墙不回头！”他们二人的谈话正好被一位正在办公室在病志上记体温的护士听见，她将这些谈话告诉了我，让我有个思想准备。

实际上，我在外科临床杂志上看到过有关报道，还参考了教科书上有关大网膜血供问题的描述。报道上说，大组病例证明，这种做法是行之有效的。因为这样的手术对自己来说也是第一例，加之患者持续高烧不退，我的心里也不安。可我心中有充分的理论根据，知道这种游离下的大网膜是不会缺血坏死的。但是什么原因导致患者术后高烧不退，是否有什么意外的因素，还不得而知。

老主任决定，让我同一位高龄医生再开腹实施手术，以探个究竟。我们打开患者的腹腔后，看到腹腔内无任何渗液，马上检查游离下的大网膜，其颜色正常，光亮度与正常大网膜无任何区别，弹性良好。我们又将游离下的大网膜完全展开，逐一检查，也未发现任何点片状坏死灶。这一切都展现在在手术台前观察的主任眼前。最后，我问了一句："主任，您看是否可以关腹了？"老主任摘下眼镜，闭日片刻后又戴上眼镜，说："没有问题好啊，我们也放心了，可以关腹了。"

总结这"两瘘一化"，即脊髓脊膜膨出症，修补术后"脊髓瘘"；急性化脓性阑尾炎，阑尾切除术后"阑尾残端瘘"；胃溃疡穿孔、"胃大部切除术"、"胃－空肠吻合术"后"大网膜液化"，以上三例手术，仔细检查及二次手术探查证实，并非手术本身问题。大网膜液化问题是因为大网膜的侧支循环很丰富，甚至同它周围的韧带都有血液供应，因此切断胃－网膜动脉后，游离下来的大网膜也不会因缺血坏死。而且报道的有大量成功病例。这样做的优点是，可以缩短手术时间，减轻患者痛苦，还可以避免手术中的副损伤等，既有理论根据又能避免手术中的副损伤，减轻患者痛苦。

对于这所谓的“两瘘一化”病例，主任匆忙并且不分场合地下结论，对我的工作产生了干扰和妨碍。另外从他的主观臆断中也不难看出，他平时自己不读书，不学习，不接受新技术，故步自封，恐怕也是一个原因。同时也有对患者的感情问题。

我长年奔波，从事了长达10年之久的农村卫生所医疗工作后，非常需要一个通过再学习与实践充实自己的机会，需要有一个彼此了解、信任的平和的工作环境。在我秉承这样的宗旨，努力弥补丢失的医疗知识和技术的关键时刻，却出现了那些不协调不和谐的杂音，令我无法理解，这给我大踏步地开展外科手术工作增加了几多干扰和妨碍。可我又不能因此而畏首畏尾，停滞不前，因为那些正在忍受疾病折磨的患者正在等待我们为他们去解除病痛。这是一个外科医生的职责，我必须继续坚持自己的主旨，即永远学习与实践，从实践中再学习，只有这样持久地工作才能成功。

有这样一个女患者，60 岁，上腹部阵发性绞痛伴发热六天，表现恶心、呕吐，并大量呕血一次，为鲜红及咖啡色，约 60 毫升。既往无胃痛及肝炎史。查体：于右季肋下可扪及一囊性肿物，有明显触痛。B 超检查：胆囊 70mm×60mm，胆囊壁厚 6mm，胆囊内有点状回声，并见一个 19mm×13mm 强光团，其后见声影。腹部 X 光未见异常。以“胆囊炎、胆石症”、“呕血待查”之诊断，行剖腹探查（在硬膜外麻醉下）。见胆囊胀大，胆囊壁散在片状化脓灶，胆总管无明显扩张，切开胆总管未发现结石，未见胆道出血，奥迪氏括约肌可通过 9 号探子。肝、胃、十二指肠未见异常。试穿胀大的胆囊，抽出血性液体，遂切除胆囊，胆总管“T”形管引流，术终。术后解剖胆囊发现：胆囊颈浆膜下血肿，黏膜糜烂破溃，胆囊内充满血块，有三块菱角状结石。病理诊断：胆囊坏疽。

本例由于炎症浸蚀胆囊动脉破裂，致胆囊内发病期出血，引发病期呕血。本例提示：虽然临床中呕血通常为胃肠疾病多见，但特殊情况下胆道系的出血，尤其胆囊内有结石，坏疽性胆囊炎较强的炎症浸蚀，终将使胆囊动脉破裂出血，胆囊内出血压力达到一定程度时便可由胆囊管排入胆总管，进入十二指肠后又逆反入胃，在胃内积存到一定程度时便可引起反射性呕血。一般在手术前很难诊断这种呕血是来自胆囊。它是我们临床外科的一个新发现，从而也拓宽了我们的思路。

由于多数患者来自矿区或周围的农村，不能像城里人那样及时就诊，即便病情发生了变化也不能像城内市民那样及时得到治疗。很多较偏僻地区的外科病人往往错过了最佳手术时机。由于这些地区的患者的病期长，反复发作，加之就诊、治疗不及时，常常使病灶区及周围由于炎症粘连，正常的解剖关系发生很大且很复杂的变化，往往常规手术操作不可能完成，这给基层医生（也可称为一线医生）实施手术增添了复杂性，往往超出教科书所描述的难度。因此，做此类手术既要有原则又要发挥灵活性，而且必须发挥得当，尤其对肝胆疾病更是如此。

矿务局的一位中层干部，男，46 岁，于 1988 年 7 月因患胆囊炎、胆石症入院。经询问病史得知，其胆囊炎反复发作已十余年，本次因在内科治疗中病情突然加重请我会诊。查体时，我在其右上腹部触到一个鸽子蛋大小的包块，马上意识到这是胀大的胆囊，遂以“胆囊炎、胆囊结石”将该患者转入外科治疗。在手术中发现，其胆囊三角已完全消失，根本无法辨认其解剖关系，而且其胀大的胆囊如同一块坚硬的鹅卵石，胆囊壁胀得发亮。因炎症长期反复发作形成了纤维性粘连，若强行将其从肝脏上剥离下来，肯定会损伤肝胆管，术后的“胆汁漏”也是必然的。

思索良久，我决定先挖空胆囊内结石。我切开胆囊的裸露部分，再用刮匙一点一点地往外掏结石。结石呈胶泥状，间或有更硬的结石块。把结石完全掏空后，从胆囊内向外探查胆囊管的位置。由于长期严重粘连、挤压，胆囊管已闭塞。考虑再三，我最后决定把裸露的胆囊壁切除，把剩余的无法强行剥离的部分留在肝脏上（为防止术后发生“胆汁漏”），刮除其黏膜，再涂碘酒以杀灭黏膜的分泌功能，再围绕胆囊颈作一排浆肌层缝合，术终。

另外一位老人患有慢性胆囊炎，病史已超过十年，此次因胆囊炎急性发作伴有高烧住院，诊断为“老年性急性化脓性胆囊炎”。手术中发现，由于多年的炎症反复发作浸蚀、粘连，胆囊三角区已经失去正常的解剖关系，决定做逆行胆囊切除。同时，由于炎症反复发作，胆囊窝处的胆囊壁与肝脏呈致密粘连，根本无法全剥离下来，如强行剥离很容易损伤肝胆管，形成术后“胆汁漏”，况且剥离进度也要放慢。此时，患者的血压突然下降至60mmHg以下，并出现休克，胆囊已剥离大部分，但胆囊三角区及胆囊窝处尚未剥离下来，无论如何也不能中止手术。于是，我把未剥下的胆囊壁旷置，刮除其黏膜，然后涂碘酒杀灭其黏膜分泌功能，再分离胆囊管予以结扎、切断。此时，可能由于减少剥离的牵拉神经的反射作用，引起的血压下降，之后血压又慢慢恢复了正常，结束手术。

多年反复发作的胆囊炎病例在农村及较边远地区比较常见，这同他们不能及时就诊和治疗是密切相关的，而做上述的胆囊黏膜剔除术也是不得已而为之。这种手术当时还无先例发表。当然实施这种手术是有一定的理论根据的。后来，类似慢性胆囊炎、胆囊壁与肝脏呈致密性粘连、无法全部剥离下来的病例，我又连续做了多例，术后长期随访效果满意。这些已经汇集成论文发表。

有一位女性患者，29 岁，无明显诱因左上腹突然疼痛，难以忍受，后弥漫至全腹，持续性疼痛，呕吐一次，为胃内容物，5 小时后以“急腹症”入院。既往无腹痛史。查体：神志清楚，呈重度贫血貌，体温 35.5℃，脉搏 110 次/分钟，血压 10.6/7.9kPa，心肺检查无明显异常，腹式呼吸弱，腹肌紧张，左上腹有明显触痛，移动浊音（+），肠鸣音弱。化验：白细胞 2.9×10^{12}/L，血红蛋白 8g/L；腹腔穿抽出不凝血 5 毫升。以“脾破裂、失血性休克”在硬膜外麻醉下剖腹探查，术中见：腹腔积血 1500 毫升，于脾窝附近取出凝血块约 500 克（相当于 1500 毫升液体血），脾下极及脾门均光滑、完整，质地正常，于脾上极偏后处可扪及一核桃大小肿物，部分凸出于脾脏。控制脾蒂，将脾脏由脾窝处托出，可见脾上极偏后处有一约 4 ×4 ×3.5 厘米囊性肿物，边界清楚，肿物部分凸出脾被膜，其顶端可见 2.5 厘米大小破口，可见绒毛组织，继续活动性出血。行脾切除术，手术顺利。术中输同型血 1600 毫升，患者住院两周，治愈出院。切除脾脏组织病理报告：脾上极妊娠破裂。

这种病例十分罕见。即便是妇科病，根据病史及检查诊断为“异位妊娠”，多数也在妇科生殖器官如卵巢、输卵管、宫颈及阔韧带，甚至还可能出现少见的腹腔妊娠、肠系膜妊娠等。但是，脾脏是在左上腹而妇科的附件都在下腹盆腔中，距离左上腹的脾脏如此之遥，受精卵怎么可能千里迢迢到左上腹的脾脏上着床？受精卵在很短时间内不能着床即会死亡，如果不借助外力是不可能的。可能借助什么力量？能否是卵子在输卵管壶腹部同精子结合后向输卵管的逆向运动（一般是输卵管因疾病等因素使其正常通道堵塞），从输卵管远端掉在大网膜上，由于大网膜的游动特点将受精卵带到脾脏上，同时也到了受精卵的着床期？这个问题还有待于进一步探讨。

这种病例在手术实践中很少见到，处理时没有可借鉴的实例，因此把它们列举出来供同行参考。

截至1993年发表的论文：

胆囊炎引起大呕血：中国实用外科杂志12（5）：208，1985。

胆囊部分黏膜剔除术的临床应用：中国实用外科杂志4（8）：208，1988。

脾脏妊娠破裂：中华外科杂志1（3）：25，1993。

参加全国外科各种类型学术交流与研讨会：

全国肠梗阻专题研讨会：丹东，1987年5月。

腹部术后住院期间再手术体会：大连，1988年8月。

全国外科急腹症学术会议：北戴河，1989年6月。

全国胆系碎石、溶石、排石学术会：济南，1990年6月。

全国肝、胆、胰手术经验专题研讨会：杭州，1992年10月。

参加全国肠梗阻专题研讨会期间，我们与会人员还参观了在“抗美援朝”战争中，中国人民志愿军赴朝作战经过的唯一的钢铁运输线——鸭绿江大桥。我们踏上横跨在鸭绿江上的这座英雄大桥，仿佛又听到了那首雄壮有力的英雄战歌：

雄赳赳，气昂昂

跨过鸭绿江
保和平，为祖国
就是保家乡
中国好儿女
齐心团结紧
抗美援朝
打败美国野心狼

这首歌现已被国家确定为《中国人民志愿军战歌》，听到这首歌仿佛又回到了战火纷飞的战场……当年，中朝人民不惜牺牲生命，并肩保卫这条钢铁运输线，在美帝飞机狂轰滥炸鸭绿江大桥时，用高射机枪打美帝的飞机，甚至站在冰冷的江水中进行反击。今天仍能见到，桥上3.4公分厚的钢板被击穿，形成密密麻麻的弹孔，但大桥仍像巨人般屹立在江面上。中朝人民保住了这条钢铁运输线，使战备物资源源不断向朝鲜前线运送，有力地支援了前线，保证了战事所需的武器、弹药，最后，迫使美帝不得不签署《停战协议》。我站在这座英雄大桥上拍照留念。

2014年，数百具当年在抗美援朝时期牺牲并散葬在朝鲜半岛军事分界线以南的中国人民志愿军烈士遗骸，终于被运回祖国安葬。当时，中国战机起飞迎接护卫运输战士遗骸的飞机，中央政治局常委委员张高丽亲自到机场迎接志愿军战士遗骸。此举再次提醒国人，不要忘记历史，要时刻保持警惕。

我在沈阳某企业医院外科工作时，曾收一“口底癌”患者入院，62 岁，男性。因为这是特殊专科疾病，我特意去中国医科大学口腔医院请口腔专家阑教授来我院做手术。术后 36 小时，患者突然呼吸极度困难，随之颜面发绀，呼吸、心跳相继停止。当时正值吃午饭时间，我没在场，也没人找我去抢救。我走到四楼中厅时，发现患者躺在活动床上，医生、护士都在周围。我第一眼就看见了业务院长，所以镇静下来。他也是外科医生，戴着口罩，双手已经戴好消毒手套，衣帽整齐地站在那里。器械柜上的气管切开包已经打开，所有器械都摆在那里。可是，院长只是举着双手一动不动地站在那里。这么紧急的情况下他还在等什么？随后我意识到，他可能不了解“紧急气管切开术”的程序，不知从何下手。此刻，病人的心跳、呼吸已经停止，争分夺秒救人才是关键。我顾不上戴消毒手套，操起手术刀，也没消毒皮肤，用左手确定并固定好所要切开的气管环，右手执手术刀迅速切开皮肤皮下及气管环，把气管套管（原来气管套管也未安装好）的外套管迅速插入气管的切口内，然后迅速插入吸管，清理堵塞在气管中的黏稠分泌物，加压给氧，抱球呼吸，并让另一位医生马上做“胸外心脏按压”。此时患者的心跳、呼吸已停止五分钟左右。然后，我把内套管插入外套管中，缝合好切口，将油纱、纱布在气管套管周围包扎好，固定好气管套管。经过两三分钟的“人工心肺复苏”，患者终于开始断断续续地呼吸，随之心脏也开始复跳。又过了一两分钟，患者终于恢复了自主呼吸，心跳也恢复了正常。

“口底癌根治术”是一种破坏性极大的手术，手术范围广（将部分舌、颌骨、口腔腺体及癌块一并切除），持续时间长，因此口腔内完全暴露时间长，加之手术本身造成的损伤，会造成喉周围组织充血、水肿，以致使喉狭窄，最后完全堵塞，造成“急性喉梗塞窒息”。

严格消毒是外科手术很关键的一步。在该病例中，患者的呼吸、心跳均已停止，正在紧急抢救中，处于争分夺秒的关键时刻，此刻如再按常规戴消毒手套、消毒手术部位，就势必要耽误抢救生命的宝贵时间。针对该患者的具体情况，要打破这种常规做法，即便手术后发生感染还有时间抗感染治疗，而失去抢救生命的时间将会追悔莫及，尤其是大脑缺氧五分钟即会产生不可逆损伤。因此，此刻的感染问题同抢救生命比较，孰轻孰重是显而易见的。

有这么一个患者，时年已 70 岁，患“膀胱癌晚期”。当时我去请一教学医院泌尿外科主任前来手术。给患者全麻后切开其腹膜，未见任何液体，探查发现：膀胱周围呈“冰冻状态”，其癌病灶位于膀胱左下方，近左输尿管入膀胱处，在剥离膀胱中位于膀胱左下外侧，因为致密粘连不慎剥破左髂外动脉，血喷射而出，迅速钳夹破损动脉两端，予以修补。修补后放开钳夹两端，可扪及动脉搏动，无渗血。但此刻麻醉师报告：左足背动脉（属左髂外动脉的分支）无搏动，随之左下肢逐渐呈暗紫色，显然是左股动脉（属左髂外动脉的分支）血栓栓塞。于是，从左股动脉处切一小口，将与动脉粗细相当的塑料管由切口插入，另一端接大注射器（基层医院只好用土办法），一边做负压吸引，一边向动脉腔内推进塑料管，当感到吸引有阻力时停止推进管子，在持续负压下轻轻地往外拉管子。当管子被拉出切口时，一个暗红色的长约 15 厘米的动脉血栓栓子从动脉腔中被拉出。重复进行上述过程，又从动脉腔内拉出一个长约 20 厘米的血栓栓子。然后第三次抽吸栓子，感觉在动脉腔内已没有负压吸引阻力后中止抽吸栓子，然后放开被阻断的股动脉近端，观察片刻，直到麻醉师扪及左足背动脉搏动，且左下肢颜色恢复正常。为了防止再度形成血栓，往动脉内注射规定剂量的肝素，接着继续手术，切除了包括病灶在内的部分膀胱及左输尿管，行“左输尿管—膀胱吻合术”，手术过程较顺利。

我们在清理患者腹腔时发现，腹腔中积血较多，且随吸出而增多。是否有遗漏的动脉未结扎或结扎线脱落？仔细寻找却未发现活跃出血点，再仔细看发现腹壁切口有渗血，用敷料压迫一下后又有新的渗血。不仅如此，腹腔内凡是剥离的创面都有渗血，虽反复吸渗血仍不见减少，此时腹腔内已积存大量的血液。麻醉师报告，患者血压持续下降。我当即认为，可能是患者的凝血机制出现了问题，血压下降至40mmHg以下，我们立刻紧急配血，然后给患者加压输血。患者血压持续下降、生命垂危之时，我邀请的和我同台手术的教授心中也没底了，对我小声说：“你邀我来做手术，可没经过医院的医务处，万一出现意外单位是不会承担责任的。这该怎么办？”我当时也很难预测如此下去的后果。但我想，我请人家来做手术，不管后果怎样我们都要承担责任的。于是，我小声对老教授说：“咱们冷静应对。可能是凝血机制出了问题，我们可以赶紧给患者输血以纠正休克。另外我考虑，凝血机制被破坏很可能是我们用肝素造成的，可以马上用鱼精蛋白以中和被肝素破坏的凝血机制，我考虑会纠正过来的。您放心，如果真的出了问题，我们自己负责任。”

就这样，我们边抢救边准备鱼精蛋白。可我们医院没有鱼精蛋白，就迅速派救护车去大医院取药。

此时，内科主任告诫说："该患者有肺心病史而且还有过心衰，因此，加压输血可能会因输血速度过快增加心脏负担而诱发心衰！"

在场医生为此争论不休时，鱼精蛋白取来了。我们赶紧按规定剂量由静脉注入鱼精蛋白。

院长见在场医生争论输血速度问题，发言说："大家都别争论了，听台上张主任意见。"

我马上回答："患者当前因急性失血休克，会导致脑、肾功能不可逆损伤，后果不堪设想。必须快速输血以纠正急性失血休克，至于会导致心衰问题，这在时间上还允许纠正。"

于是，我们继续给患者加压输血，由于鱼精蛋白中和了肝素，凝血机制破坏导致的弥漫性广泛渗血终于停止，患者的血压终于上升至 60mmHg 以上，然后继续清理患者的腹腔。此时，检查无活跃出血。清理手术器械无误，逐步术终。

患者在手术过程中连续发生如此多的意外，这在我的手术史中从来没有过，而且每次意外都令人始料不及。

1. 髂外动脉意外损伤，主要由于癌组织浸润粘连致密，在剥离中不慎剥破髂外动脉。

2. 在修补受损伤的动脉管时，又发生如此快的“动脉血栓栓塞”，而且如此之多，其栓子总长度30～40厘米。由此可见，老年人的血液黏稠度高，血流速度慢（在短暂的修补动脉管壁过程中需要阻断血流），这是形成血栓的前提条件。我们当时处理动脉栓塞非常及时，在栓子尚未析释出纤维组织、粘连在血管壁上之前已经把它牵出，减少了许多麻烦。因为栓子一旦粘连在血管壁上，取栓子的难度就会大大增加，不可能一次牵出20厘米长的栓子。

3. 向动脉内注射肝素时，虽然严格控制了剂量和浓度，但可能由动脉注射的速度要比由静脉注射的速度快，破坏了凝血机制（这仅仅是分析），造成所有创面大面积渗血而导致失血性休克。

4. 在需要迅速纠正患者急性失血性休克时，偏又遇到患者有心衰病史，不能快速输血纠正休克，此种情况下何去何从？我当时清楚地意识到，当前的急性失血性休克必须快速纠正，因为人的脑、心、肾，尤其是脑部，缺血时间超过五分钟，即使能保住生命，大脑功能也会出现严重的不可逆的后果！但是，即使快速输血会导致心衰，在时间上也允许纠正，同时不会导致严重后果。因此，当院长让我作决定时我才作出先纠正急性失血性休克的决定，并对手术中连续发生的令人措手不及的诸多意外，冷静、周密地予以应对。

误诊误治是临床工作的一大忌，思考不周全、阅历浅及主观臆断，是产生这种错误的主要原因。

1986 年 6 月，门诊以“右下腹包块待查”收一住院患者，男，38 岁，经询问无任何疾病史。我当时的入院诊断同样是“右下腹包块待查”。当时，一位教学医院的老师正在我院支援矿务局医院医疗队，于是我就请老师给这位患者会诊，并在我的病程记录上记下了老师会诊时间及会诊意见：右下腹包块如鸽子蛋大小，不规则，较光滑，质地中等硬，活动良好，考虑为：右下腹肠系膜淋巴结核。因为右下腹是肠系膜淋巴结集中区，该处淋巴结发炎因而融成团块。又因患者的包块已多年，生长缓慢，虽然没有结核病史，这些特点还是符合结核包块的特点的。治疗意见：采用抗结核治疗。因结核是慢性病，患者住院十天后，要求回家服药治疗。

四五个月之后，我几乎已经完全忘记了这位患者。一天，有人私下向我透露：“张医生，你还记得你管的一个患者吗？你曾给诊断为右下腹肠系膜淋巴结核。后他又去沈阳某医院看病，该医院诊断为右下腹部隐睾恶变。患者已经死在家里。患者家属到医院医务科取走了你的病志作为第一手材料，认为你给误诊误治，要把你告上法庭。”我听到这个消息时，开始不相信自己会这么粗心大意，会在没有充分的第一手材料时作出武断的诊断。但这究竟是一个什么样的患者，我已经根本回忆不起来了。于是我去医务科询问。医务科长说：“前些日子，你的一位患者家属是拿走了一份病志。患者家属说，是你给误诊的，患者已死亡，没详细说明情况，就把病志拿走了。”

看来这是千真万确的，从此，我背上了沉重的思想包袱。我怎么会这么粗心大意和武断呢？这是我离开校门从事临床工作二三十年中最大的失误。在这二三十年中，虽然我经历了风风雨雨，走了不少坎坷的行医之路，但这样严重的误诊误治导致患者死亡还是头一次。我真的会这么糊涂吗？刚开始，我饭吃不下，觉睡不着，在工作上也不再像以前那样同自己较劲了，而是消极地等法院送传票……不对，诊断证据不十分充分，我绝不会在病志上下诊断……可是，医务科说的话不会是假的。我就这样度日如年地忍受着煎熬……

将近一个月的时间过去了，一天，医务科通知我：“你的病志已被返回。家属说，经专家鉴定，这起误诊误治同你本人无关。家属已不准备起诉。”

听到这消息，我马上去医务科把那份病志取回来，经过仔细阅读，在一则病程记录中终于找到了，原来这是请教学医院老师会诊的那个患者。病程记录上详细记载着那位老师的诊断：右下腹肠系膜淋巴结核。治疗意见：抗痨治疗。当时，因为患者认为自己患的是慢性病，要求出院，回家服药治疗。

这起误诊引起了我的反思：假如当时没有那位教学医院老师会诊，我会怎样去诊治这样的患者？在临床中，首先要有充分而客观的第一手材料。比如，在患者的体检中如触到该包块是实质的、不规则的，应做B超加以证实，然后再结合病史、体检及相关辅助检查，加以初步分析，最后再做穿刺、病理诊断，如果仍无法确诊，就让患者去设备齐全的大医院做进一步检查以确诊病因。而那位教学医院老师自以为见识多，无须客观检查材料，即可凭经验下诊断，以致误诊误治。

另外的教训：如果患者下腹部尤其髂窝内有肿物，不明原因的，对于男性患者要首先通过触摸检查一下其阴囊内的两个睾丸是否都在，此仅仅是举手之劳，如缺一个，即可能是该侧睾丸因下降不完全而停留在该侧的下腹部的髂窝处或该侧的腹股沟处。如果睾丸下降不完全而停在它不该在的部位（如上述的髂窝或腹股沟处），它的温度要比完全降落到阴囊内时高，当达到一定程度时（该处睾丸此时也不会有精子生成）会发生变性，即恶性变——睾丸癌。因此，凡是男性患者左、右下腹部的髂窝处有不明原因的包块，首先要触摸一下阴囊内的两个睾丸是否存在，一旦其中之一缺失定要追查究竟。那位教学医院老师给该男患者诊断时，就因为只凭临床经验而没有进行这一检查（触摸睾丸及其他辅助检查）而铸成大错！这在今后的临床实践中一定要予以注意。

回忆该例患者，首先是我本人在此之前看到患者右下腹髂窝处的包块时，没想到应该触摸一下该患者的右侧阴囊内是否有睾丸存在。如果当时发现其右侧阴囊内无睾丸，就会怀疑其右下腹髂窝处的包块可能是因为先天性睾丸下降不完全而停留在髂窝处；另外再做一些必要的临床辅助检查就可以确定了。确诊后，考虑到该患者已经三四十岁，在其腹腔停留这么久的睾丸已丧失其生殖所产生的精子能力；另外，它已经在腹腔停留了这么久，是否已发生变性即恶性病变也很难说，因此，这种睾丸就没有保留的必要了，应予以切除，因为患者还有一个健康的睾丸，还能保存其生育能力。当然，若患者不满十岁，其隐睾是可以保留的，可以通过手术将其隐睾牵引至该侧的阴囊内并加以固定。

当时，我因为无法确诊才请教学医院老师来会诊的，没想到这位具有多年丰富临床经验并且见多识广的老师在检查该患者时，只触摸了患者右下腹髂窝内的包块并且向我描述该包块的特点，还做了详细的分析然后下诊断，可这位老师当时也并未去触摸一下该侧阴囊的睾丸是否缺少，也未做任何临床的辅助检查，这是十分遗憾的事。当时，作为基层医生的我没理由不相信老师有这方面的经验，所以认为没必要去节外生枝了——就这样，在临床上未做任何辅助检查就得出了前面所述的诊断：右下腹包块为“肠系膜淋巴结核”，并指示做抗痨治疗。听起来理由很充分：右下腹是肠系膜集合淋巴结区，此处淋巴结发炎后很容易互相粘连形成团块。主要原因是先入为主，一误再误，造成了不可挽回的后果。

今后再遇到这样的男性患者，不能先入为主地进行分析和诊断，尤其发现患者下腹部髂窝处有包块且原因又不十分明确时，应先触摸一下男性患者的阴囊。一般来说，临床医生没特殊情况，比如泌尿生殖系统疾病，那是专科的必须仔细检查它，除此以外，很少有医生去触摸患者的会阴部分，这也可能是误诊的原因之一。通过上述误诊病例，我总结出这样一条经验：遇到类似患者切勿忘记检查患者的阴囊部位，虽然不习惯也必须这样做，以避免临床悲剧再度出现。另外还必须辅以临床的辅助检查才能最后下诊断。那位教学医院老师作出了“肠系膜淋巴结核”的诊断并且指示对患者进行抗痨治疗，因结核是慢性病，治疗时间长，使病情一再拖延，也错失了提前治疗的机会。

当然，如果发现患者（一般在10岁以前最好）有“隐睾”，治疗得越早越好，可以给其实施“睾丸牵引术”，即将未下降的睾丸从腹腔的髂窝处牵引至同侧的阴囊内并加以固定。这个年龄段患者的睾丸无疑是安全的，无论其性质及其功能都没任何问题。当然，在临床实践中未下降的睾丸多在腹股沟处。以上的深刻教训必须牢记。

医务科说，误诊、误治导致患者死亡的是那位教学医院的老师，所以我被“免予起诉”。由此可见，同一条生命，在基层医院与在大医院的医生眼中，其价值完全不一样。因此人们不禁要问：医疗事故是对事还是对人？

我于1988年调入沈阳某企业职工医院。当时我是外科副主任医师。我调入该院后才开始开展上腹部手术，如胃、肠、肝、胆、胰以及乳腺癌根治、甲状腺疾病手术，后来又开展了胸外科手术。我到这个单位报到前，参与我调转工作的引荐人又给了我一个选择工作单位的机会，说我还可以去一个事业单位工作，即当时刚成立的“沈阳市胸科医院”。五年前，原单位曾送我到沈阳市进修了一年胸外科，回到原单位后也曾开展过胸外科手术，但该地区需要做胸外科手术的患者很少，因此，我仍以开展普通外科手术为主。如今到了沈阳市，时逢

“沈阳市胸科医院”成立，这为我从事胸外科手术提供了良好的机遇。我觉得机会难得，于是开始动摇了，便去沈阳市胸科医院了解和咨询了一下。他们欢迎我到该医院从事胸外科工作。听到如此答复后，我十分高兴，心想，我刚到沈阳市，还未去那个企业医院报到，竟遇到这么好的机会，我真的太幸运了。

从我进修胸外科到现在时间还不算长，而且我在原单位也开展过胸外科手术，完全可以承担这份工作。另外，我这个年龄的外科临床工作者也应该有个专业的外科技能，如果让我研究一个专科，我会集中精力去探索和研究，并且一定会有所作为。另外，我过去学到的专科技术和技能如果没有地方施展也十分可惜。

可现实问题是，沈阳市胸科医院由于刚刚成立，还解决不了职工的住房问题（那时单位职工住房还是分配制），而且何时才能解决起码目前尚未提到议事日程上。这对于初到沈阳工作的我来说是个大问题。当时，我住岳父家的平房，面积很有限，而且内弟已到了成婚年龄。当时，那个企业医院明确表示，我两年内肯定可以分到新房，新房正在建设，快要竣工了。但沈阳市胸科医院盖家属楼的事当时尚未提到议事日程上，虽然我到这个医院工作专业对口。

怎么办？站在十字路口，我左右为难。我到沈阳后不能长时间不工作啊！我去沈阳市胸科医院可以干本人喜爱的专科，舍弃了太可惜了。

那时候，企业的工资待遇同事业单位的工资待遇之间的差距不像当前如此之大，另外，我当时似乎也未过多去考虑这个问题。我当时最头疼的是住房问题，因为岳父的住房到时必须给内弟结婚用。考虑再三，我去沈阳市胸科医院的强烈愿望动摇了，最后还是忍痛割爱，舍弃了去沈阳市胸科医院工作的机会，而去那家企业医院报到了，因为只有“安居才能乐业”啊。现在回过头来看看，当时我舍弃了专科业务和工资待遇，内心觉得十分失落可又无可奈何。

最后，我去沈阳某企业职工医院报到。

比我先到该企业职工医院的业务院长，虽然也是外科医生并且和我是同届毕业生，但由于看中了仕途而弃医从政，因此一直没有开展过业务。我到达该医院后扩大了手术范围，病人也开始源源不断地前来就诊。我对与我同期毕业的同事以及下级医生一视同仁，诚恳相助，因为我以前的从医之路曾几度受到干扰，因此总是为他们在业务上大开方便之门。业务院长在做一例甲状腺手术时，不慎将患者喉返神经损伤，致患者术后不能发音。在讨论会上他向我问道：“术中如何预防该神经的损伤？”关于这个问题教科书和临床杂志上都特别强调过，可他平时不学习，不看书，不看杂志，又怎能掌握有关手术的注意事项？他没把精力都放在这里又不想完全放弃业务。于是，我便向他细心地毫无保留地指出："做这种手术，在剥离病灶的后方时，特别是病灶位置比较深，即喉返神经经过的地方，在剥离、钳夹中，一定要每剥离一下钳夹一下，钳夹时一定要轻轻地夹住，再令患者不断发音，因为这束神经比较细，用肉眼不易发现它的走向，也不一定在哪一束组织中经过。如果患者发音有所改变就必须松开钳夹，如果发音没有改变再夹紧钳子进行分离，一直向前，直到把病灶完全从甲状腺中分离下来。这样操作一般不会损伤喉返神经。"

他说："手术过程中，我也让患者发音了，也未发现声音的改变，可患者术后还是不能发音了。"

"那是因为术中患者发出的声音小，并非是声带的颤动，而是患者在口内的一种应付声。必须让患者大声回答才能让声带真正振动。"

"对，问题可能就在这里。"他突然弄明白了原因所在。

1992 年，我晋升正高职称时，院长（他也同样要晋升正高）对我说："这一次晋升主任医师，你发表了那么多论文，随便拿几篇都不成问题。"

我当时不明白他为什么突然向我说这些，不知他的潜台词。后来我才知道，他可能想让我给他几篇论文资料。当然，我不能贸然下结论。可是晋级时，他在没经过我本人同意的情况下，让一位外科医生替他抄袭了我的一份论文。我发现后，当场问那位外科医生："是谁让你抄袭我的论文?"他直言不讳地说："是某某院长让我抄的。"

这种剽窃行为曾在报刊、电视新闻节目中报道过，最后剽窃者被取消了晋升资格。可我当时沉默了、容忍了。

不仅如此，后来他还在经济领域贪污、受贿，生活作风上也存在严重的问题。医院职工气愤之余砸他家门窗。另外，他还向承包医院扩建工程的建筑商索贿。他还同我们医院手术室的护士拉拉扯扯，被人家拒绝后，他就在涨工资时给人家"穿小鞋"，手术室其他十余名护士的工资都涨了，他却利用手中的权力唯独不给拒绝他的护士涨工资。后来，护士的男朋友知道了这件事，未弄清事实就跟她分手了。这个院长是个无孔不入的无耻之徒！他晋级时剽窃我的论文而我却保持沉默，姑息养奸，这也是我的一大遗憾。

九

由于父亲工作调动，我在高二下学期（即1958年下学期）转学至兰州回民中学，继续求学。这所中学集中了我们“东北家属大院”的同学，大家见了都觉得很亲近，当然和同班的女同学也因“地域观念”同样很亲近。大家在一起时无所不谈，而且大多都谈论家乡的事儿，时间长了彼此都有所了解，如学习、秉性、为人处世等。慢慢地性格相近的同学接触得比较多了，当然也包括女同学。在这期间，男女同学接触的心理也比较复杂。到高三了，马上就要高考，要想考入大学必须集中精力，全力以赴地投入到学习中，大家根本没有同异性同学谈话的时间，当然也就没有沟通的可能了。所以，在此阶段，同学们都很努力地学习各门功课。在课余时间，大家都在思考报考哪所大学，它的招收比例，甚至考题会是哪一类型……同学间说话很少谈笑风生。尽管这一时期正是青年人的热血沸腾期，但此刻，这些青年人却无论如何也沸腾不起来，都在认真思考前途与理想以及如何摆正事业与爱情的关系。经过认真思考后，大家都认为，一个青年人如果没有聪明才智，一切都是空谈，因此当前的一切都得让位于学习，情感纠葛可以暂时搁置一边。但这并不等于青年人没有青春气息，它时不时也在触动着青年人被压抑的敏感神经，只不过大家更注意表达方式，比如要好的男女同学见面时总会问一声："复习得如何？准备好了吗？有什么好的方法帮助记忆？"或给对方一个微笑，然后各奔西东，继续苦读……在这个学校一年多的学习和生活，给我留下比较深印象的有那么一两位女同学。

考大学时，谁都难以预料彼此的归宿。我还记得，我考入了兰州医学院，到学校报到数日后，无意中见到了中学的老同学孙某。意外相见，我们彼此都有抑制不住的喜悦，谈起来滔滔不绝。我们俩上中学时就比较爱接触，心中也曾产生过一种微妙的感觉。现在两人又考入了同一所大学，是偶然还是缘分把我们联系到了一起？

但我们上大学期间彼此未做过任何表白，好像只是心照不宣。我曾不止一次地把她领到父亲的工作单位，父亲也认为她是一位好姑娘。有一次，父亲还挽留我们在他们单位食堂吃午饭，吃的是饺子。那是1960年生活极度困难的时期，吃饺子简直是一种不敢想的奢望。我始终羞于言表，既没有同孙同学单独约会过，也没有向人家表白过心中的爱，更没有利用周末同孙同学一起看过一次电影。总之，尽管我已考入大学，虽然在科学知识上有了长足发展，但在处理私生活上仍是一张白纸。

有一天，我们班一部分人帮学校食堂择菜。我们都席地而坐，因为不会盘腿就把腿都伸出去了。在择菜过程中，我突然觉得谁的脚尖碰了一下我的脚尖。我抬头一看，原来是同我对坐的一位女同学。我们对视后彼此一笑。择完菜，她同我一起去校门旁的一个小卖店。我记得，当时我买了牙膏和剃须刀，她啥也没买。在回学校的路上，她不知为什么提起了她大姐的事儿。她大姐是天津妇产医院的助产士，她大姐夫是天津骨科医院医生。接着，她谈起了他们家的不幸。她说："大姐夫在他们医院同一个年轻的护士关系暧昧，大姐很不满意，但大姐夫执意不改。无奈二人只好离婚，两个男孩判给男方抚养。可大姐比较固执，最后患了精神分裂症，跳楼自杀了。"说到这里，她"唉"的一声长叹。

我们在学校体育场旁的一栋楼前停下，她继续说：“希望这样的悲剧别再让我们见到。”她从悲痛中抬起头来，眼睛红了起来。我十分同情地说：“这本是不该发生的悲剧，你大姐死得太惨了！”然后我又不平地反问了一句：“难道大姐必须选择死吗？谁都有再选择的权利。我们难道就没有选择的权利吗？”

她对我笑了一下，然后说：“你前半句说得对，这是不该发生的悲剧。但是，人都是有感情的，又陷入如此之深，无力自拔，才走上了绝路。”她接着说：“处朋友实际上就是一个长时间的磨合过程，以达到彼此了解，相互理解，进而深化感情，这一切都是来之不易的，结婚后就更要倍加珍惜才是。”

我接着说：“对，相处就是这么一个过程，彼此都要加以珍惜才对。”

她听了再次开心地笑了。

怎么，她是在试探我？

最后，她又把她的家庭向我做了介绍。毕竟是大城市的姑娘，她在这方面的智慧比我和孙同学都高出一筹。

于是，我又想到，我同孙同学该怎么办？我同孙同学虽然彼此并没有明确恋爱关系，也没做过什么暗示，但如果我不声不响地与她断绝来往，于心何忍？孙姑娘会怎么想？……还是顺其自然吧。我同这位姑娘是同班同学，天天见是自然的了，自那次谈话后，她更是同我双双出入校门，恐怕影响也因此而出去了。

其实，我同这位女朋友相处也并非一帆风顺，有时不知为什么就争执起来。有一次，她竟然离我而去，而且不只一次。如此下去，这个女友还能交下去吗？我越想越感到懊悔和沮丧。我独自站在约会原地未动，晚风吹来，带来一阵寒意……这时，我又想起来，有一天晚上，我从教室复习完功课在回宿舍的路上，有一位叫杨玉琴的女同学见到我后，微笑着把她的照片递到我的手里。我笑着接过照片，揣在口袋里，可是过后却没有主动去回复人家，而且一拖就是数周。这对于一位姑娘来说，可谓是一种伤害。我现在还能去找她吗？她会见我吗？万一被冷落又该如何？我正在十分惆怅时，忽然看到在通往女生宿舍的柏油路上走过来一位女生，因为天已经很黑，虽然有路灯仍看不清她的面容，她的一只手好像还端着什么东西。她离我越来越近，我才发现是刚刚生气离我而去的陈同学。她把一杯开水递到我手里，并微笑着向我做了解释，此刻我一时无言以对。

对于这一点女孩子都很敏感，慢慢地，我同比较要好的那个中学老同学的接触越来越少了……不久，她通过同学的介绍，认识了兰州大学机械系的一位助教。得知这个消息后，我心里反而得到了一些宽慰。但我一直没去找那位主动送我照片的杨同学，拖的时间越长越不敢去见人家。这位同学如今在我心中已经成为一个解不开的心结。

当我再次与孙同学见面时，她向我透露说："我们上中学时学习最好的刘立坤同学，高考时感到压力太大，填报的第一志愿是当年新设立的甘肃工业大学机械系，这对她是毫无悬念的。可开学不久，甘肃工业大学机械系不知为什么被合并到兰州大学。她当年没敢报考的理想大学，今天却毫不费力地送到自己手中，她为此高兴得睡不着觉。这可能是上帝为了不埋没人才才这样安排的。"最后，她还风趣地对我说："看来我俩的缘分也是上帝给安排的，那就是我俩都应该同双胞胎的对方成双成对，如今你的女朋友是双胞胎，我的男朋友也是双胞胎，因此，依我看，我们中学的这三个老同学的命运都是上帝早已安排好了的。"

说完，我们俩都大笑起来……

六十年代初期，虽然粮食定量略有增加，但总的来说还是相当紧缺的，尤其是副食，在市面上更难见到水果之类的东西。由于女朋友的大姑是"高干"，像水果之类的东西有时凭票（高干票）也能购买些。她不知何时从大姑那里得到一只苹果，自己舍不得吃，便带回学校同我一起分享。这可太珍贵了！我拿在手中，一会儿闻闻，一会儿又笑着反复地看，觉得苹果的芬芳气味沁人心脾，拿在手中久久舍不得吃，觉得拿的好像是凡人可遇不可求的“人参果”，心潮起伏，激动不已。

盛夏，天气燥热。一天，我的女朋友不知从哪儿弄到一根冰棍（此时，由于物质匮乏，即便盛夏在街上也很难见到卖冰棍的）。她自己不舍得吃，从实验室回来，和其他同学走在我们宿舍窗外的一条小柏油路上，看到我正趴在窗前的一张桌子上写实验报告，毫不顾忌其他同行的同学，边笑边跑到我的窗前，把冰棍递给我。当时冰棍已经快化了，直往下滴水。我忙推辞说：“你好不容易弄到一根冰棍，还是你吃了吧。”

她把冰棍塞到我的手里便跑了……她为我做的每一桩小事都让我很感动。我也主动克服自己的不足之处，以使我们之间的关系更加和谐。

从我俩的相处中不难看出，两个人似乎都缺少些包容和耐心，但我们为什么能把关系维系下来？虽然女友的脾气比较急躁，可过后又能冷静下来三思，才会出现上述情况。她对我不离不弃（因交朋友是女友首先提出来的，虽然方式不一，如前所述），又善于弥补（如上述那些感人行为），因此两个人之间的矛盾很快就平息了。由于我们争吵的常常也不是什么原则性问题，因此两人的关系也容易弥合。

实际上，我同女友（即现在的爱人）从1962年才开始在课余时间单独见面（如前所述），因为都是东北人，在谈论家乡事的过程中逐渐增加了对彼此的了解，这也是我们远在大西北相见、相识、增加感情的基础。但在晚上我们很少逛马路，在星期六晚上或星期日晚上也很少相约去电影院看电影。我们那时的谈心交往也被淡化了（也可能是物资条件所限），只是比一般男女同学间多了点儿交心的机会。随着时间的推移，临床实习开始后，我们在交换彼此的实习心得体会过程中慢慢地心心相印。虽然我们在同一个医院实习，但各组的作息时间并非十分固定，尤其实习到晚上，大家要相伴回学校宿舍休息。我们直到毕业前才确定了恋爱关系，但毕业离校时又“分道扬镳”了，俩人当时并未达到依依不舍的程度，分别时只互相说了一些今后要在临床医疗事业上更加努力奋斗之类的勉励的话，并把自己的照片赠给了对方。

我记得，在毕业分配方案公布后，当时我同我的女友不要说分在一个县，就是分配在一个专区都成了奢望，我们相隔近千里之遥，这正应了那句话：“时间加距离是对爱情最好的考验。”分别时，我俩还用这句话互勉。

我的女朋友同本校的三十几名同学被分到一个专区后，又被分配到各个县。报到后，他们又返回专区。专区把他们三十几名同学分成了几个组，分别派往专区所辖的各个小儿急性传染病发生地，即当时流行小儿麻疹、百日咳、白喉、脊髓灰质炎（即小儿麻痹症）等疾病的各村去防病治病。

专区有关负责人当场向这些即将开赴防病治病一线的同学们宣布：“你们此次去疾病流行区进行的防病治病工作意义重大，你们必须认真、负责、积极地投入这项工作。现在把你们分成四个组，每一组八个人，去一个村的疾病发生地，由组长率领前往。到了那里后，你们再根据这一地区疾病流行情况由组长分别安排下去，不要漏掉疾病发生的每一个生产队。你们要用所学到的精湛的医术去挽救每一个患儿的生命，现在正是在实践中考验你们的时候了。你们要排除一切困难去战胜疾病……最后，要求同学们积极、热情地投入到这场防治小儿急性传染病的战斗中去。”然后，这位负责人扫视了一眼在场的同学们，将话题一转，严肃地说，“在这场与疾病争分夺秒抢救患儿生命的战斗中，退缩或者工作不积极者将不能按期‘转正’，这一点同学们可一定要牢记啊……”

我的女友被选为八人一组的小组长。他们各自奔向自己所负责的农村开展流行性小儿急性传染病的防治工作。当时，这些地区主要流行的是小儿麻疹，有的还合并成小儿麻疹肺炎。单纯性小儿麻疹发生时，首先要做好隔离，切断其传播途径（空气传染）。初发病期，患儿表现为“卡他”症状，如流泪、流涕、眼结膜发红、眼睑内外皆有脓性分泌物，孩子羞明、不安等。在此阶段，要给孩子多饮水，不要让孩子着凉，眼结膜分泌物多者可用眼药水消炎。麻疹的主要诊断依据是，在患儿的口腔颊黏膜处可发现费一柯氏斑。如果麻疹合并肺炎，治疗就困难得多，尤其是合并重症肺炎，口服消炎药已经达不到及时消炎效果，必须要每天肌肉注射青霉素，其用量根据年龄和病情而定。青霉素在60年代是最有效的消炎药，每日早、晚各一次，肌肉注射，因肺炎可能会导致肺水肿而加重病情，因此对患儿不宜使用静脉输液加抗菌素。

由于孩子得了麻疹后家长在护理上不够严格，无法做到既让室内通风又不让患儿被风直接吹着，因此合并成小儿麻疹肺炎的患儿较多，也因此增加了患儿的死亡率。那时，我们不分白天和黑夜，只要听说哪里有儿童患病，马上到农户家出诊。我们首先仔细地给孩子做肺部听诊。合并肺炎的小儿麻疹患者的症状是，鼻翼扇动，口唇呈暗紫色，如果能听到患儿双肺有细小水泡音（即啰音），就可以确诊为小儿麻疹合并肺炎，马上肌肉注射青霉素，这是当时最好的消炎药，肌肉注射消炎效果迅速。如果患儿鼻翼扇动，颜面发绀，说明已发展成重症肺炎，需要在床边严把死守，一分钟也不能离开，必须给其吸氧（自带氧气袋）以改善机体缺氧，用盐水棉签拭去其鼻腔脓性分泌物，以疏通上呼吸道，还要不时地给患儿饮水，以促进其体内毒素的排泄和散热。家长一般要贴身护理，通宵达旦地轮换着护理患儿。尽管我们当时付出了极大的努力，还是有仅三四个月大的患儿因就诊不及时失去了小生命。

三个月的防病治病工作终于结束了，小儿急性传染病的流行势头也终于被遏制住了。

我的女友回到县卫生局报到时，县卫生局的一位负责人说："县卫生局长找你有事。"

该负责人没透露局长找她有什么事，这让我女友很费解，心想，怎么我刚刚到县卫生局报到局长就认识我了？我有什么问题吗？不管有什么问题，总得见面才能知晓。于是，她走进了卫生局长办公室。

局长见她走进办公室，先笑了一下，说："你是陈某某吗？是省妇产医院老院长的侄女吧？"

"是的，我是陈某某，是省妇产医院陈院长的侄女。"

局长接着说："是这样的，老院长给我来电话，让我把你安排在妇幼保健站。"

女友想，原来县卫生局长找我是为安排工作。可是，姑姑为什么让我去只有三五个人编制的妇幼保健站工作？这又不是什么人人向往的单位，难道还要劳驾姑姑向卫生局长打招呼吗？既然请卫生局长出面，起码应该把我安排到县医院，怎么也比妇幼保健站好啊。县医院的医疗设备和工作条件都比妇幼保健站强好多倍，在县医院工作非常有助于自己今后提高医疗技术水平。难道往下安排也需要如此大动干戈吗？女友一时间觉得十分费解。是不是卫生局长听错了电话？她既不好意思详细问局长，怕万一果真如此会很尴尬，更不能去问姑姑，因为她毕业时姑姑就让她服从组织分配。这样做不是多此一举吗？

因此，我女友说："我自毕业分配时就一直服从组织安排。"

局长又解释说："不，我们是遵照老院长的意见。你有意见可以提出来。"

难道果真是姑姑让我去妇幼保健站的？幸亏我还没提出要求，否则姑姑会认为我不服从安排。想到这里，我女友说："我没有意见，听领导的。"

"那就这样定了？"

"可以。"

就这样，我的女友去了妇幼保健站。

我女友在该单位上班半年后，即1965年春季，又去参加县上组织的“农村社会主义教育运动”，即“社教”运动。持续约半年左右的“社教”结束后，她又回到了县妇幼保健站工作，直到1966年元旦才休婚假。就这样，我们从1962年在学校确定恋爱关系，又经历了数年的考验，才终于走到了一起。

为了节俭，我们结婚时没有用双方父母的任何资金，也免除了他们为此操劳，而是采用了从单位到老家旅行结婚（如前所述）的方式。我们回到我父亲当时的居住地辽宁锦西（即现在的葫芦岛）后，准备去当地办理婚姻登记并领取结婚证。

一天，我的女友说：“你到镇上去领结婚证吧。”

当时，我也没多想就答应了，很快就到了镇里领结婚证的有关部门。

进门后，我首先问道：“是在这里办理结婚登记吗?”

工作人员笑了一下，问道：“你同谁结婚啊?”

我毫不含糊地说：“我同我的女朋友结婚。”

“你的女朋友在哪里?”

“她在家等着呢。”

工作人员不解地说：“你的女朋友不来怎么登记领结婚证啊?”

我爽快地说：“我可以代替她登记。”

“这可不行。登记结婚必须男女双方到场，双方同时认可才可以登记并领取结婚证。”工作人员毫无商量余地地说，“回去吧，要同你的女朋友一同到现场来才可以，明白吗?”

“明白了。”我十分尴尬地回答。

我赶回家，把办事人员的话向女友转达了一遍，然后我们一起去婚姻登记处办理了登记手续，领到了结婚证。回家后，看到女友大笑特笑，我才知道是女友故意耍我。

婚后，我爱人又到那个县的妇幼保健站上了半年班，才调到了我当时工作的县医院妇产科。

我爱人是在她大姑工作的医院即甘肃省妇产医院生的我的第一个女儿，那是 1966 年 10 月份。我爱人在大姑那里休完产假后，大姑准备让我爱人在省妇产医院妇产科进修，而且他们医院有托儿所，大姑还可以帮助照看孩子。大姑向我们县医院打了招呼，县医院同意了大姑的意见。但是，最终卡在省妇产医院的一位领导那里，她不同意大姑把侄女留在本院妇产科进修，而且毫无协商余地。当时大姑十分无奈，只好作罢。失去了这么好的进修机会，我爱人感到十分失望和沮丧，在大姑那里休完产假后，带着刚出生不久的大女儿返回我们县医院。

我爱人要先从兰州乘火车到甘肃省天水县，然后换乘长途汽车才能到达我们县医院。说也巧，她在换乘的天水火车站排队出站时，竟然与我爸爸偶遇。那天，我爸爸从东北乘火车到达天水火车站，也准备乘当天的长途客运汽车去我们县医院。爷俩偶遇，都感到很惊讶。两人事先完全不知晓，又相距数千里之遥，竟在同一时间到达同一地点，这是上帝安排的吧？天水长途客运汽车站距天水火车站还有好长一段距离，于是，爷俩轮换抱着孩子赶往长途汽车客运站。

从天水县到我们县城几乎都是山道，长途客运汽车要绕过几条盘山路，穿过几个长长的隧道，全程几百里路。幸亏两个人同行，路上可以换着抱孩子。当天晚上，他们终于回到了县医院。见到他们爷仨我很吃惊，我原以为爱人会在省妇产医院妇产科进修一段时间，没想到她没有进修就赶回来了。另外，我爸爸同她们娘俩巧遇，我们家祖孙三代聚到了一起，来了个全家福，这更让我喜出望外。

十

我们的大女儿最初在辽宁铁岭某公社小学读书，即我爱人所在地，学习成绩很一般。1978 年，她随同我爱人到了辽宁某矿务局所在的某镇，考入了初中，直到初中毕业她的学习成绩仍处于一般水平。她升高中的考试成绩刚刚超过高中录取分数线，勉强考入高中。也就是说，直到初中毕业我女儿的学习成绩一直没有进步。升入高中以后，可能是她自己意识到了，必须迎头赶上，否则以这样的学习成绩将来考大学肯定要落榜，因此她就像一个上满了发条的钟表一样开始发力了。她从高中一年级开始慢慢地把学习成绩提高了上去，在高中一年级期末考试时，她的成绩已经上升至班级中上水平，高二期末考试时，她的成绩在班上已经排在前三名，高三毕业时她在班上已经名列前茅。

1982 年面临大学考试时，为了能让女儿考上大学，作为家长我们也颇费了一番心思。当时，女儿的学习成绩已经明显提高了，但为保险起见，我们在填写志愿时还是比较慎重，深思熟虑后，把录取分数较低的唐山煤炭医学院放在了第一志愿。高考这天，我特意等候在某矿务局高中的考场外。当第一门语文考试结束后，我女儿走出考场时，见到在考场外等候的我，脸上绽放出微笑。当时我马上意识到，她的语文一定考得不错，因而也禁不住笑了。因为接着还要继续考试，怕影响女儿的下一门考试，我没细问她的答卷情况。第一天的考试结束，回家后我鼓励女儿，再接再厉，在接下来的考试中，答题时一定要冷静思考，不要忙于交卷，而应逐题好好检查一遍，有把握后再交卷。

女儿高考后，我做了一下评估，觉得她被第一志愿录取的可能性很大。最后，她果然接到了录取通知书。

女儿考上大学后，学习成绩持续提高，每年都登上一个大台阶，到了大学四年级她的学习成绩已排在全年级的前三名。

大学毕业后，女儿接着报考了中国医科大学研究生院。考试成绩公布后得知，她的外语成绩在当时报考中国医科大学研究生院的考生中排在第一名，其他科成绩也都在前三名，顺利地考入中国医科大学研究生院。她之前考入唐山煤炭医学院这一过程，可以看作是一个“驿站”，她在此休整后继续攀登高峰，考入中国医科大学研究生院，达到了自己最后的目标。对于智库尚未完全打开的学子们来说，这一休整是完全必要的，只不过走了一条“曲线救国”之路。在学习上，只要能达到自己的最高目标，这一方法还是值得借鉴的。从中国医科大学研究生院毕业后，我女儿留校从事临床、教学工作，目前已是该校附属医院最年轻的主任医师、教授，学位为博士。女儿的自然科学智库虽然在不断地丰富着，遗憾的是，她的短板还是被显露出来，那就是她的社会学方面，显得那么苍白无力，最终以诚实换来的是一张虚伪的“牌照”。人为什么不能以诚相待呢？原来在人类社会中还存在伪装，然而，“假的就是假的，伪装应当剥去。”遗憾的是……终归还是遗憾。

二女儿也是在辽宁某矿务局读的小学和中学，并且学习成绩一直比较稳定。她很小的时候，我们夫妻去县里办理调往某矿务局医院工作的手续时，因家中无人看管，二女儿一人在结冰的井台旁玩耍时不小心滑倒，鼻子摔在井台旁的锅沿上被割破了，至今留有疤痕（也是不能忘却的纪念)。二女儿在报考大学时，老师根据她的学习情况，建议她报考西北工业大学，我们家长也同意了老师的建议。她从西北工业大学毕业后，被分到沈阳“606 所”，工作两年后又报考了北京航天研究院的研究生。被录取后，又被该院送到长沙国防科技大学学习了一年的专业课，然后回到北京航天研究院继续攻读研究生。研究生毕业被分配到中国运载火箭研究院研究火箭，现在她已经是该研究院研究员。我的两个女儿大学毕业后都未停止学习，继续考研，为最终的工作目标奠定了良好的基础。

我大女儿上高中后，在学习上开始有了不甘落后的思想，这也许是她在学习上进步很快的主要原因，我们也总算松了一口气，放心地不去管她了。在初中以前，她的学习成绩总是上不去，我们当时还发愁：如此下去，她将来如何考大学？她知道努力上进后，我们把更多的精力放在了紧张的医疗工作上（我同我爱人都是手术科室的医生)，甚至连女儿大学毕业后报考中国医科大学研究生院我们作为父母均不知晓。直到被中国医科大学研究生院录取她才告诉我们，她研究生考试的成绩很理想，在全国报考该研究生院的考生中，她的外语成绩（是她原大学老师告诉她的）名列前茅，其他科考试成绩也都在前三名。听到这个振奋人心的消息，我想，一般女孩的学习成绩开始时比较优秀，但随着年龄增加会有所下滑，这一点同男孩刚好相反。我大女儿刚开始时学习成绩很一般，直到考高中时分数还在录取线上下徘徊（如前所述）。我们没有料到，随着年龄的增加，她的学习成绩却越来越好。于是我想，这姑娘可能属于大器晚成的人。果不其然，在中国医科大学研究生院毕业后，她被留校了，40 岁左右就已经是中国医科大学附属医院中最年轻的主任医师、教授、博士生。

可能是由于她过于自信、自强，使她在处理恋爱关系上也很自负，就像报考研究生时那样认为，只要自己努力奋斗就会有好的效果，这件事没有必要告知父母，以为我行我素也不会出现什么意外。她万万没有想到，人世间的关系并不像她想象的那么简单。大女儿想自己处理恋爱关系，不想让父母知情，这一点同我的二女儿完全不一样。她想使用自己现有的智慧去驾驭“爱情”这匹并不驯服的马，直到结婚的那一天她都未让父母知晓……

我从事医疗工作数十年，我一直认为，在这个领域里工作如果稍不检点，放松了对自己的思想品德或者说道德品质的约束，就有可能偏离正轨。我是从事外科手术的，每次做比较复杂的手术时都无法按时休息或者就餐，随着手术范围的扩大，连续数小时或急诊连台手术的情况时有发生。遇到这种情况时，有的患者家属感到过意不去，手术结束后总要表示一下，如请吃饭、送红包或赠送点礼品等，以示感谢。对于这一点，医生必须从理解患者家属心情出发予以婉言谢绝。我们应该明白，他们的骨肉或亲朋好友患了病，已经让他们十分揪心了，对这个家庭来说已经是一个不大不小的灾难。他们已经十分痛苦了，还要付出一定的经济代价，这一切都重重地压在他们身上。他们把患者送到医院来，就是来求救于医生，同时对医生抱有很大的希望和信任。如果医生接受这些“好处”甚至索取“好处”，有失良知，于理于情都说不通。

有的时候，患者家属送锦旗或条幅给我个人，我觉得过意不去，就把这些交给领导处理。领导笑着说：“锦旗和条幅上患者家属写的是你的名字，让我们领导往哪儿放啊？家属的这点心意你还是收下吧，这不会使你犯错误的。”

医生收红包、吃回扣更是良心的丧失和泯灭，长此下去定会付出巨大代价，甚至会葬送自己的前途。这不是危言耸听，而是大有人在。如果在我身边发生这种事情我会怎样看待？我只能说：善有善报，恶有恶报！完全是咎由自取。在我身边还真有这样的事情发生过。

女儿结婚生子也是人生少不了的经历。作为父母，我们力所能及地帮助女儿也是应该的。孩子上学后，我们一如既往，主要是接送孩子上下学。孩子参加外语辅导班学习时，我们就站在校外等待，不管黑夜和寒冷。女儿工作十分认真，兢兢业业，工作压力很大（在医大附院工作），有时值夜班手术，经常通宵达旦。女儿很瘦弱，医院的伙食又不甚好，我们担心，长此下去会把她的身体拖垮，所以就尽我们最大的努力帮助她。

二女儿在婚恋问题上和一般女孩不同，她最大的优点是能倾听父母的意见，从不我行我素。

记得她在西北工业大学读书期间交了一个男朋友后，就给家里写信，向我们如实地介绍男朋友的情况及其家庭情况。当我们听说这个男孩是西北人，而且家庭又在农村，心里有所顾忌：西北人有什么特点？人品如何？以后在一起过日子女儿会不会受委屈？还有，他的家在农村，将来怎么生活？我们给女儿回信，把这些尚不够了解的事告诉女儿，让她全盘考虑一下。二女儿是个听父母话的孩子，考虑到生活习惯不同以及男朋友的家庭情况等，就没继续发展这种关系。他们两人毕业后各奔东西。

工作以后，在一次出差时，男孩到了沈阳 606 所。时隔约一年多，他见到我女儿后再度提出：“我们的友谊可否继续下去?”我们也见到了这位男孩，经过交谈后，我们表示，只要他们俩愿意继续相处下去，我们作为父母没有意见。于是，他们俩时隔一两年之后又再续前缘，而且相处得很好。经过时间的考验，最后，他们在我们家结了婚。

二女儿研究生毕业后留在北京工作，从事中国运载火箭研制工作，二女儿的爱人在“北京空八所”工作。目前二人均已成为正高级研究员，家中还有一个可爱的小男孩，现在已经是北师大附中的学生。

我这一双女儿从小随同我们在农村及矿区等基层地区读书，而且居住地也很不稳定，今天河东，明天河西，一个跟爸爸，一个跟妈妈（当时我们夫妻还没在一起工作），奔波地学习和生活，如今都能顺利考入高等学校，又都是研究生毕业，还都有个比较理想的工作，这些都是难能可贵的。

当时我还有个未婚的儿子，在沈阳市公交公司工作。说来也巧，在我们企业医院分房中，同我们比邻而居的是一家工人，家中有一个女孩，当时已经中学毕业，待在家中尚无工作。我的这位邻居当时患有一种外科病，多年来一直被疾病困扰，也影响他工作和生活，请我给他诊治。我给他仔细检查后对他说，这种病需要手术治疗。他又请我给他做手术。手术的效果很好。

他的女儿可能因为我给她父亲治好了多年的慢性病，解除了家中的一大忧虑，因此，对我的家人很感激，也很尊敬，同时，也对我们家庭成员均为大学毕业生有些羡慕，因此见面时总是很有礼貌地称呼我。我也觉得这个姑娘及家中二位老人都很诚实、厚道、本分，于是心中产生了让这位姑娘同我家男孩处朋友的想法。由于没有中间人给牵线，我自己便当起了介绍人。当时我儿子已经27岁了，姑娘比我家孩子小两岁，两人都到了谈婚论嫁的年龄了。

这一天，我特意去她家登门拜访，当然事先也做了吃“闭门羹”的准备。我去她家时，正好她的父母也都在家，见到我都亲切地迎接，又递烟又倒茶。

寒暄一阵后，我便向他们提出：“我们既是邻居彼此也都了解，我想，我们两家的孩子年龄都不小了，可否让这两个孩子处一下朋友，彼此再了解一下对方的情况。不知您二位意下如何？”

她父亲首先表了态：“这完全可以，如果能相处那不更好吗？”

她母亲笑了一下，表示：“这有什么不可以的？只要孩子们没意见我们会支持的。”

后来见到姑娘时，她向我打完招呼后，我顺便暗示了一下我的想法。她表示没意见。此时，我的心也终于平静下来了。我让我的孩子多主动去接近姑娘，并告诉他，我已经给他们搭好桥了，后面的路就由他们自己走了。

大约过了半年，这两个孩子就订婚了，然后我们给他们筹备结婚的事。

婚后，儿媳妇找到了一份称心的工作。至此，我们对子女们应尽的（中国式的）责任已全部完成。人在一生中不但自己需要自强自立，奋发有为，还必须拿出足够的精力把下一代培养好，似乎只有如此才算画上了一个完整的句号。

一天，我走在公园的一条林间小路上，看到路旁的樱花正在盛开。阳光下，一排排樱花树的枝条已被簇拥着的樱花掩盖，成了一片花的世界。小路上，来往人群络绎不绝，樱花映红了张张笑脸。许多人端起照相机，抢拍这美丽的景色。一位老人用照相机拍下难得的瞬间后，正仔细欣赏自己拍照的效果，我也凑过去观看他拍的樱花。他笑着对我说："今年公园里的樱花开得个大，花瓣层层重叠，颜色也很鲜艳，片片花瓣透着红光，因此，今年赏花的人比往年成倍增加。"

"是啊，今年拍照的人也比往年多，大家似乎都不愿错过这难得的瞬间，想让它永驻人间。"我接着说。

然后，我和这位老同志坐在公园凉亭休息。

我顺便问了一句：“您在什么单位工作？退休几年了？”

这位老同志说：“是在市内某医院退休的，已经十余年了。”

在谈话中，他结合当前反腐形势说：“我儿子所在单位的领导，不但自己搞腐败，还把媳妇从外地调到他的关系单位，花了几十万元买了个副职。他媳妇买到副职后，竟在别人面前卖关子：‘虽然花了几十万买个副职，细算还挺划算的。有的人想买还买不到呢。’听儿子讲完后，我很气愤。买官本来是腐败行为，怎么还可以炫耀？世界之大无奇不有。”接着，他又说，“这使我想起，毛主席曾抨击过做这种肮脏交易并炫耀自己有本事的人：‘他们既做婊子，还要立牌坊。’”老人接着又赞许道：“如今的政策真是大得人心，尤其在反腐领域，正是‘宜将剩勇追穷寇’的关键时刻！一位历史小说家说得好：‘中国的腐败虽不能使国家速亡，但会使国家必亡。’现在，全国各地、各个领域都在查办、严惩腐败分子。这是一项大快人心的政策！”

腐败问题不是今天才有的，它就像传染伤寒病的虱子一样不断地繁衍，吸吮人体的血液，同时使人健康的机体得病。如不及时清除这些寄生虫，任其繁衍，它会把病原体传播到每一个健康机体中，把人推向死亡的边缘，因此，及时消灭这些寄生虫——传染伤寒病的虱子，乃是当务之急。

之后他又把话题转到医疗领域的不正之风，比如收红包、吃回扣，甚至擅自离岗酿成大祸。

他愤愤不平地说：“在我们医院外科门诊就发生过这种事情。一天，一个医生在外科门诊急诊室值班。看外科急诊的一般都是病情较急较重的患者，有的甚至需要抢救，因此，在急诊室值班的人要坚守岗位，不允许擅自离岗。即便有急事暂时离岗也要同附近科室工作人员打招呼，以便有事联系，尽快处理完急事后要马上回到自己的岗位。这是常识。可我们这位值班医生却悄无声息地离开了自己的岗位，也未向任何人打招呼。他去哪儿了，做什么去了，无人知晓。此刻，外科急诊室来了一位被打伤的患者，头破血流，双手血肉模糊，还有几个陪同人员前呼后拥地进了外科急诊室。看没有医生值班，那些人就左呼右唤，仍不见值班医生的人影。那些人问附近科室工作人员，他们也不知道那个值班医生此刻去哪里了。患者的血还在流，伤口也没医生给包扎处置，患者火冒三丈，搬起椅子把急诊室的门窗玻璃全给砸了，并把诊室里的椅子扔得东倒西歪，将诊桌踢翻……这一下惊动了院领导，他们马上派人寻找值班医生。原来，这位值班医生在科室待累了，跑回家躺在床上休息去了（医院家属楼就在医院内）。他被叫回到急诊室后，看到外科急诊室的门窗没有一块儿好玻璃，椅子、桌子东倒西歪，急诊室内一片狼藉。这位医生平时能言善辩，但此时也已经派不上用场了。最后院领导经研究决定，给他全院通报、罚款等处罚。

“时隔一年左右，一天，这位医生值班时，医院外科门诊来了一位10岁小男孩，因急性腹痛、呕吐在检查床上左右翻滚。这位外科医生检查后，首先开了一个腹透检查单。腹透报告：急性胃扩张。接着，他没做任何处理，又开了一系列检查单，其中包括CT、核磁共振。患儿家长带着强忍腹痛的孩子楼上楼下做了一系列检查。两三个小时过去了，做完CT及核磁共振（此项属于昂贵的检查，医生可以吃回扣）检查后，孩子腹痛得大汗淋漓，咬着牙，摇着头大声喊叫……

“具有外科医学常识的医生都知道，外科急诊病检查是有原则的，对属于外科急诊的急腹症患者的检查要简单扼要，在检查中哪怕发现一项有价值的提示，如该男孩首次检查时的腹透报告结果为‘急性胃扩张’，在这种情况下，医生应该中止其他繁琐检查，立刻做胃肠减压等等相应的处置且严密观察。如果仍无缓解，应果断进行剖腹探查，剖腹探查应分秒必争去抢救，这是毫无疑问的。CT及核磁共振等检查项目与该病毫不相干，医生做这类检查的目的就是为了‘吃回扣’。这位外科医生在金钱的诱惑下再次铤而走险，不顾患者的死活，犯下了无可挽回的错误。做完这些检查后，该患儿的胃已经处于极度扩张，最后终于破裂了，形成了弥漫性腹膜炎，几乎断送了患儿的生命。

“患儿家长要把医院告上法庭，给医院再次造成了极为恶劣的影响。此人已经到了无可救药的地步。最后，医院经研究决定，将其开除公职。社会上其他医院也不敢用这样的人，他只好待在家里。

“其实，医疗领域中的这些丑陋行为，不仅仅发生在我们医院。这只是个比较典型的例子，再不狠抓严管，人民都不会答应的……”

十一

我于 1998 年退休。因为我上中学时（1953 年至 1958 年）在哈尔滨市，受俄罗斯的文化、生活、风俗等方面的影响较深，一直向往能去俄罗斯旅游观光，亲眼见识一下俄罗斯人的文化底蕴。退休后，我终于有机会去实现这一夙愿了。在两个女儿的大力资助下，2009 年，我在北京首都机场二号航站楼登机口登上了海南航空公司飞往俄罗斯圣彼得堡的班机。因为是第一次去俄罗斯，我的心情格外舒畅。

我们下午三点三十分登上航班，客机直到下午四点三十分才起飞，在跑道上滑行十分钟后离开地面。其间耳朵略有胀感，机舱内有“嗡嗡嗡”的响声，但并不影响谈话。飞机穿过厚厚的云层。机翼下是滚滚的白云，上面是一片湛蓝。飞机偶尔有轻微的抖动。座位可以略微倾斜，乘客可以仰卧闭目养神。座位前有小屏幕电视和小餐桌，途中供应两次餐，还有盖腿用的毛毯和一双套袜，脱下鞋，双足套上它可疏通血液。北京时间午夜十二时许，飞机再次穿过云层，过了不久，飞机震动了几下，降落在圣彼得堡机场。飞行长达八小时，每小时飞行 1000 公里。飞机停稳后，大家不约而同地鼓掌，庆祝顺利到达目的地。虽然此时北京已是深夜十二时许，可是圣彼得堡这里还没黑天（与北京时间差五小时许）。

这是我第一次踏上俄罗斯圣彼得堡的大地，我从中学时代就梦想有朝一日能踏上这片热土。偌大个城市里，来往行人却稀稀落落，天空湛蓝，空气清新，似乎无一粒灰尘，与中国大都市完全相反。我兴奋地做了几次深吸气，想把这里清新的空气都带回中国。

办理入境签证用了 30 分钟左右，然后我们走出航站楼。接站的大巴早已等候在那里，然后把我们送到圣彼得堡的一个四星级宾馆入住。我一人被安排在宾馆的六楼，其余游客均在五楼（我们一行 36 人）。套间内有两张床，只供我一人用。房间宽敞明亮，卧室、卫生间、电话、电视、衣柜一应俱全。次日早晨，我们在宾馆内吃自助餐，牛奶、面包、鸡、鸭、鱼、肉等品种很多，令人眼花缭乱。吃完饭还供应水果。午餐是在华人餐馆，八菜一汤。

这一天参观的景点有彼得保罗要塞、圣伊萨克大教堂、“阿芙乐尔”号巡洋舰以及喀山大教堂、滴血教堂等。这些景点中给我留下最深印象的是“阿芙乐尔”号巡洋舰，这艘战舰正是列宁领导的十月革命的第一声炮响起的地方。当年，这艘巡洋舰航行至冬宫前时，按照列宁的指令向冬宫打出了第一发炮弹，苏联红军又连续攻击，占领了冬宫，推翻了沙皇统治，建立起世界上第一个社会主义国家。这给中国共产党提供了可以借鉴的强大的思想武器，因此，毛主席说：“十月革命一声炮响，给中国送来了马克思列宁主义。”

我站在这艘巡洋舰上面，站在巨大的炮身边抚摸着它，觉得它是那么威武、雄壮。我心想，如今你已是举世闻名的历史功臣，人民敬仰你的历史功绩。我站在它的身边拍照留念，记下了这难忘的一瞬间。

午后，我们去参观夏宫花园。这里曾是沙皇的避暑胜地，园中有 64 个喷泉和 250 多座铜像，形态各异，组成梯形大瀑布，气势恢宏。每天上午 10 点，喷泉开始喷水，64 个喷泉射出的高大的水柱在空中散开，在阳光下显出道道彩虹。在金铜像中有一尊是彼得大帝，正用强有力的双手掰开一头雄狮的嘴，象征彼得大帝正从敌对国手中夺回圣彼得堡这片领土，因为它是俄罗斯从波罗的海通向欧洲的重要港口城市，是俄罗斯通向欧洲的必经之地。

在园中散步时，不时有林中的鸟、松鼠围着游人要吃的。当你蹲下时，四周的鸟、松鼠会迅速围过来，你如果将面包碎屑撒在地上，它们就争抢啄食，刹那间吃得干干净净，充分体现了人与动物和谐相处的氛围。

第二天，我们去参观冬宫，昔日沙皇的王宫。高大的冬宫巍峨挺拔，矗立在河畔。宫内各层楼阁的屋顶是形态各异的巨大的吊灯。这里汇集了俄罗斯及世界名门大师的绘画、雕塑、书法；宫廷豪华的建筑、宫廷内宴请聚餐的桌椅、刺绣的铺布、高颈的酒杯及屋顶各色吊灯极其富丽堂皇……偌大个冬宫及其粗大的顶梁柱让我想起了一个镜头：当红军攻入冬宫，与宫内卫士短兵相接时，一个红军战士以粗大的立柱为掩体向对方射击，一个宫内卫士也以同一立柱为掩体向红军战士射击。这位红军战士发现宫中卫士正在向红军瞄准，他迅速趴在地上，躲过对方的视线，突然扣动扳机，宫内卫士应声倒地。宫内短兵相接之战结束，红军战士经过机智、勇敢的战斗，很快消灭了宫内卫士。

下午，我们在圣彼得堡城内涅瓦河畔的涅瓦大街上散步。这是圣彼得堡最繁华的商业街，日用百货、家电、服饰、各种主副食、各式油画、雕刻、编织品应有尽有，还有银行、货币兑换处。但这里的油画是禁止带出境的。

横跨涅瓦河上的大铁桥十分壮观，有巨轮通过时它会自动打开，巨轮过后它又合在一起，桥上有很多参观各种游轮、汽艇的游人。圣彼得堡唯一的商业大街上的人却寥寥无几，这与中国繁华的商业街上人流如潮的景象截然不同，这与俄罗斯总人口并不多有关。

这条商业大街南侧的广场上有一尊威武地骑在马背上的女人的雕塑，她就是女沙皇叶卡捷琳娜。这里也有一座以叶卡捷琳娜名字命名的公园。叶卡捷琳娜原本是德国一贵族的大家闺秀，她在一次舞会上与来德国的彼得大帝相识、相爱了。因为当时彼得大帝的国家比较落后贫穷，她的父母极力阻止这门婚事。但最后还是没能阻止住，只好放弃，但家中没给她任何陪嫁，只给了一驾马车，她自己只夹着一个小包登上这辆马车投奔彼得大帝。后来，她的政治野心暴露，篡夺了彼得大帝的皇位。为了巩固自己的皇权，她在身边培养拉拢了一批大臣，在效忠于她的七位大臣中就有五位同她有暧昧关系。作为一位女皇，这也许是她为了维护皇权所必须施展的手段。她在俄国历史上可以算一个强权的女皇了。她的扩张野心很大，在她执政期间使俄国的领地一再扩张。

在圣彼得堡的最后一天我们参观了“皇村”。它位于圣彼得堡城北，乘大巴前往需要一小时许。这里主要有三个景点。

景点一是俄罗斯的伟大诗人普希金在青年时代曾就读的中学，其校址仍保存完好，是浅黄与浅绿相间的平房。据说其外祖父曾为彼得大帝效力，是功不可没的重臣。普希金本人很聪颖、智慧，彼得大帝对他很是欣赏。

景点二是彼得大帝为皇后修建的一座琥珀大厅，面积数十平方米，据说使用了琥珀原材料数百吨，最后又精选而成。厅内呈棕褐色，屋顶在灯光下五彩斑斓，熠熠生辉。参观的人很多，多数为穿戴时髦的俄罗斯老人，他们边看边用手指着，动情地交谈着。游人无法近距离欣赏一块块镶嵌琥珀的细微之美，也不准拍照，想多停留一会儿就必须站稳，因为人人都想尽快走进大厅，抓住这难得的机会一睹为快。无奈之下，我在高大的俄罗斯人的间隙中对着引人入胜的琥珀屋顶按动了一下快门，但由于相互拥挤拍得不够理想。我们被人潮拥出了大厅后，问及琥珀大厅造价几何。答案：无法估量。

琥珀大厅位于一字排开的筒状楼的西端，大厅的南面是一片绿茵茵的草坪。

景点三在琥珀大厅南约八百米处，在丛林中央有一汪湖水，这就是“天鹅湖”。对，俄罗斯著名作曲家柴可夫斯基当年就是在此谱写出了响遍世界的“天鹅湖芭蕾舞曲”。如今的湖面积只有大约几十平方米，仅是当年的四分之一左右。湖周围是草地，可以想象当年天鹅湖湖面的轮廓。

当年柴可夫斯基的创作灵感就来自天鹅湖。我站在湖边，久久地凝望着湖水，联想起柴可夫斯基灵感的产生和他那富有天资的想象力……

当天晚上 10 时，我们由圣彼得堡坐软卧（四人包厢）去莫斯科，于次日清晨 6 时许到达莫斯科，其间运行八小时，几乎是直达莫斯科（路上停了两次，可能是上水，也有部分上下车的乘客）。整个路程是夜行，铁路旁只能看到森林、原野，未看到任何建筑物及一块耕地。

到达莫斯科后，我们入住的是四星级宾馆，但却比圣彼得堡的宾馆华丽，可能因为这里是俄罗斯的政治、经济中心。圣彼得堡是俄罗斯的文化中心，是一座闻名世界的文化古城，诞生了很多古代名流，如著名的物理学家、化学家、被称为俄罗斯“理化之父”的罗蒙诺索夫，化学元素周期表创始人门捷列夫，著名作曲家柴可夫斯基，俄罗斯著名诗人普希金，文学家屠格涅夫、列夫·托尔斯泰，还有一些著名画家、雕刻艺术家等。但是圣彼得堡的工资要比莫斯科低许多。

我们首先参观了莫斯科红场的无名烈士墓。烈士墓上燃烧着象征永不消失的荣耀的长明火，这使我想起了卫国战争年代。1941 年 11 月 7 日这天，当德国侵略者围困并逼近莫斯科时，斯大林利用在莫斯科红场受检阅红军战士被激发起的爱国豪情，当即发出了庄严的号召："为了祖国和人民，到前线去，消灭一切来犯之敌!"同时，斯大林不失时机地命令，战略储备的百架战机同时起飞升空，歼灭德国侵略者。于是，地面、空中已准备好的武装力量，突破敌人的层层围困，从莫斯科红场直接开往前线，开始了战略大反击。红军战士怀着复仇的怒火，拼杀德国侵略者，一往无前，迅速收复失地，抢占战略要地。由于时值严冬，又因战线拉得过长而缺乏补给，德国侵略者大势已去，兵败如潮水。经过浴血奋战，苏军最终收复了所有失地。这是无数烈士用鲜血和生命换来的胜利，而眼前这座无名烈士墓正是那段历史的参与者和见证者，从此，1941 年 11 月 7 日这一天成为俄罗斯人"永远的纪念日"。

然后，我们排队瞻仰了列宁遗体。列宁的身材并不高，高鼻梁，深眼窝，仰卧于紫红色的平台上，右手半握着，左手平放。

当年，列宁被沙皇驱逐出国后，并未停止指导国内革命斗争。当时机成熟后，他立即发动武装起义并且悄悄回国，亲自指挥武装斗争。1918 年 8 月 30 日，列宁在一个群众集会上讲演，暗藏在集会人群的刺客把枪口对准了列宁。列宁的犀利目光发现了敌人，是用左手直指刺客，大喝一声："抓住这个刺客!"于是，刺客被周围人按倒在地。因此有传说，列宁伸开的这只左手是在指挥人民继续前进，同敌人战斗到底，而那只半握的右手是在告诫人民，时刻紧握政权。因为参观的人多，游人在列宁遗体前不准停留，更不准拍照。尽管如此，我们还是参观了一个多小时才走出大厅。

午后，我们参观了克里姆林宫。克里姆林宫享有"世界第八奇景"的美誉，是俄罗斯国家首脑的办公地。建筑并不像我们想象的那样高大宏伟，总统的办公楼应该很讲究的。这里几乎全是四层楼，是浅黄与浅绿色调搭配的办公楼，看上去赏心悦目，很协调，既朴素又大气。另外，令人意想不到的是，克里姆林宫有这么多的建筑，却只供总统办公用，总理并不在这里办公。

8 月 10 号上午 9 时，我们乘大巴车来到了列宁山上，这里有著名的莫斯科国立大学。这所大学由俄罗斯天才物理学家、化学家、俄罗斯人称之为"理化之父"的罗蒙诺索夫（1711 ~1785）于 1755 年创建，目前有四万余名学生。教学楼巍峨矗立在一片开阔地上，有十余层，楼顶的两侧有对称的两个小塔楼，每个塔楼顶端有一个巨型石英钟。正对教学楼前方的是一个大花坛。教学楼前是一条笔直的柏油路，路两旁是高大的林木。教学楼后面竖立着罗蒙诺索夫的塑像。教学楼周围的林荫道两侧有一排排果树，苹果、梨、山楂等果实挂满枝头，路人却“秋毫不犯。”

学校的“公费生”全是学习成绩最优秀的学生，全部免费就读。学习成绩较差的学生可自费入学。坐大巴车围绕校属各系教学楼参观一遍也得半个多小时。它是培养俄罗斯人才的摇篮。

随后，我们参观了莫斯科的地下宫殿——莫斯科地铁。地铁的出入口很宽，有两部出入地铁的滚式电梯，长达百米，直达地铁站内。莫斯科人都喜欢乘地铁。该地铁总长300千米，设有260个站点，最深处距地面150米，是世界上最大最漂亮也最豪华的建筑之一。地铁站内的吊灯形态各异，流光溢彩，壁画上的人物神态各异，还有各种动物和植物。各式各样的装饰富丽堂皇，站内宽敞明亮，气势恢宏。

我们在站台上候车时，导游喀秋莎说：“请大家都注意我的手势，当我举手时大家才可以上车。下车时大家也要看我的手势，我举起手时才可以下车，否则会乘错车或者下错站。”于是，列车进站时大家都盯着她的手。地铁车厢内人特多，我们三十多人相互挤着才站稳。列车启动时，我觉得身后有人碰了我一下，我回过头，看到一位俄罗斯年轻人微笑着站起来，把他的座位让给我。我微笑着对他说："Спасибо（谢谢）!"他高兴地竖起拇指："Очень хорошо（很好）!"。

行人过马路时，无论是公交车还是的士都会停下来，让行人先通过，即"车让人"。我们参观旅游期间，从没见过"人让车"。

莫斯科人很少乘公交车，即便是上下班高峰时间，公交车上都有空座位，很少见到公交车内有拥挤的现象。到了晚上，即便在最繁华地区的公交车站，候车的人也不多，有的时候一连几个站都无人候车。这与地铁完全相反，不知人们为什么宁可挤地铁也不乘坐公交车。

在旅游途中，导游不时地用汉语介绍莫斯科的主要景点，有时也说一说她的家庭，说她的女儿总说她"土气"，不会打扮自己。这位导游小时候曾同父母在中国天津居住过五年，后来回国在莫斯科国立大学念书直到毕业，所以汉语说得很地道。我说："Я люблю Россию（我爱俄罗斯），Я люблю город Москва（我爱莫斯科城）."她以微笑和赞赏回答我。我问："Правильно или неправильно（对，还是不对）?"她高兴地立即用俄语回答我："Правильно（对）."

她饶有兴趣地问道："俄罗斯载人宇宙飞船是哪一年飞上太空的？航天第一人是谁?"

在旅游大巴车上无人能回答这个问题时，我回答："俄罗斯载人宇宙飞船是1961年进入太空的，航天第一人是加加林少校。"

导游喀秋莎高兴地说："完全正确。"

苏联宇航员进入太空那年，即1961年，我正在医学院学习人体生理学，老师曾在课堂上饶有兴趣地结合这一实例给我们讲解了人体在太空中呼吸和循环系统的生理改变，以及宇航员是如何适应太空失重的，所以我就记住了。

导游提出这个问题，一方面是想显示俄罗斯的科技实力，另一方面也想试试中国朋友对俄罗斯的关注度。

我回答完这一问题后，又说："这里还有一段鲜为人知的故事呢。"

导游喀秋莎又专注地听起来。

我说："1961年，正值苏联领导人赫鲁晓夫执政，他听到苏联宇航员登上太空的消息后，兴致勃勃地驱车前往苏联宇宙航天中心，接见这位世界航天第一人。当看到加加林少校英姿勃勃地站在那里，赫鲁晓夫满脸笑容地走上前去，双手紧握加加林的手，不停地抖动着说'Рад вас видеть，Дорогой русский герой（很高兴见到你亲爱的俄罗斯的英雄）'，然后紧紧地拥抱他。他要亲吻加加林时，加加林身材高大而赫鲁晓夫又矮又胖，赫鲁晓夫用力踮起脚还差好大一截。他只好跳起来，一次，两次，由于自身体重的关系也跳不起来。但是亲吻是最好的礼遇。于是，他想用最后一点儿力气使劲一跳。就在他猛地跳起时，加加林趁势用双臂架在他的腋下，把赫鲁晓夫举了起来。这一下赫鲁晓夫终于亲着加加林的脸了！于是，他左亲一下，右亲一下……这毕竟是二三百斤的体重啊，加加林终于举不动了，心想，怎么还没完了？无奈，他只好把赫鲁晓夫放在地上了，对首长尴尬地一笑。赫鲁晓夫满意地对他赞扬道：дорогой очень хорошо（亲爱的，很好）！'

我讲完这个故事后，满车人哄堂大笑，导游喀秋莎也笑得前仰后合……

她说："俄罗斯宇航员遨游太空已经是半个多世纪前的事情了，我们的中国朋友还记得这么清楚，真是难能可贵啊，不愧是俄罗斯的好朋友。1961 年赫鲁晓夫执政时，苏联成功发射载人宇宙飞船，当时确属世界首例，国家首脑也的确亲自前往宇航中心接见苏联的英雄加加林少校。加加林个头高大而赫鲁晓夫又矮又胖。但是，加加林当时是特意弯下身接受首长送来的吻，并没有把首长举起来亲吻。这一点是讲故事的人给添枝加叶了。"

说完，她又笑了起来。

我补充了一句："没举起赫鲁晓夫啊？那我就收回了。"

于是，大巴车上的人又笑了起来。

莫斯科地铁是我们在莫斯科参观的最后一个景点。当晚9时许，我们又坐上了软卧，于次日清晨7时许返回圣彼得堡。这一天，我们逛了一家大超市，购买了俄罗斯的黑巧克力。掰开黑巧克力，可见蜂窝状，又酥又脆。浓浓的咖啡又香又甜，还有鱼子酱、奶油及伏特加等。该超市购物的人较多，全部使用卢布，买这些是带回家的。

下午，我们又走进了圣彼得堡唯一的一家琥珀饰品超市。进入超市大厅，可见平台上摆满各式各样的琥珀展品，琥珀内可见栩栩如生的各类昆虫，大的如蜥蜴。在一排排的货架上挂满琥珀首饰，有琥珀项链、琥珀镯子、琥珀戒指……还有可摆在家中书橱、写字台上的琥珀饰品。总之，进入这家超市仿佛走进了一个琥珀的世界，各样饰品琳琅满目。可这里的每一种饰品价格均不菲。我走出这家琥珀饰品超市前，象征性地用美元买了四条琥珀项链。俄罗斯的卢布在超市里却派不上用场，只能用美元和欧元购物。

我们在圣彼得堡和莫斯科参观的每一个景点都记述了一段不平凡的历史，正是这一个个不平凡的历史串起了俄罗斯人民英勇奋斗、不屈不挠斗争的史诗。尤其是在苏联卫国战争中，不仅前线的战士在流血牺牲，在校的中学生也中断学业，加入到轰轰烈烈的战争中，如“青年近卫军”、“卓娅与舒拉”等年轻学生。在国难当头之际，他们义无反顾地冲上战场，保卫祖国，书写了可歌可泣的爱国情怀。他们的这种精神也感染了当时的中国青年。“二战”胜利七十周年之际，俄罗斯和中国举行了盛大的集会，而且互派领导人参加这一盛大集会，以牢记历史，防止历史悲剧重演。

十二

幼年时，家破人亡，我成了无助的流浪儿。那时，生命虽然是我自己的，可自己却不能成为生命的主宰者。为了能吃上一口饭维持生命，辗转在各亲属家，因为偷吃一口饭被折磨得半死。当我的生命奄奄一息时，是父亲挽救了我……

我意外地被引上了求学之路。现在我还在想，那时，幸亏那位乡村教师任老师提出让我上学。父亲同意后，可敬的任老师当即把我领进了校门，否则，我当时可能只有一条路可走，那就是“面朝黄土背朝天”。我当时尽管已经超过入学年龄，仍有很强的求知欲。否则的话，即便任老师提出让我上学，我也不一定去读书。我父亲当时并没意识到读书的重要性，因此，任老师的出现可谓是“天助我也”。

从踏进校门的第一天起，命运就由我自己做主了，我学习到了知识也认识到了，前途、理想要由自己去把握。尤其到了中学时期，我知道知识是改造世界和创造未来的巨大动力。从那时起，我开始将每一门所学的功课甚至老师所讲的每一句话都牢牢地记在心里。我们在那个阶段学习的知识多样化，并且还可以亲自动手实践。比如，我们班同学克服物质条件不足等重重困难，自己动手制作了收发报机，给我们留下了深刻的印象。当时，大家感到很开心，也开始觉得生活十分幸福和绚丽多彩。

在中学时期，大家就对大学生活十分向往并充满期待，如愿考上大学后大家欢欣鼓舞。但美中不足的是，那时正处于生活极端困难时期（即三年国民经济困难时期），常常在饥肠辘辘的状态下听课，精力也集中不起来，分析和记忆能力也大大缩水，思维处在“半衰期”。当时还号召广大学生“又红又专”，“学生不仅要读书还要参加社会劳动，以加深对劳动人民的感情”，将来更好地为劳动人民服务。于是，“大修水利工程”也成了大学的必修课。不幸的事情终于发生了，我们医疗系的一位同学因体力不支，最后倒在了劳动现场（如前所述）。这是一幕发生在大学校园里的悲剧，是一场不该发生的悲剧……

我们凭着坚韧的毅力完成了五年的学习。走向社会是将五年中所学的医学理论与临床实践相结合，这对于每一位青年医生都十分重要。可是，正当这些年轻人跃跃欲试之际，参加"农村社会主义教育运动"（简称"社教"）的任务又落在刚毕业不久的年轻人的肩上。紧接着我们又走上了"下乡"之路。走完这长约十年的漫长而坎坷的路后我们在学校所学的临床理论已所剩无几。那时，我的医学水平仅仅是大学本科毕业临床医师的水平。回城后，作为基层医生我没有别的选择，只能重新学习与再实践，将过去学习的理论与临床实践工作密切结合。那时，在工作中还要排除很多干扰与妨碍才能不断进步。这也是考验一个人的意志的关键时刻。我克服重重困难，努力奋斗，永不停息，在我人生的关键阶段——发展期，我在事业上没有留下任何遗憾。

我于1998年退休。因为我是企业员工，虽然具有正高职称，但是工资待遇却等同于一般的工人，退休的当年工资仅有640元。我儿子当时已参加工作，但工资仅有500元，结婚成家后总是感觉入不敷出。所以，我退休后又找了一个补差工作，以维持家庭生活开支。那时，企业高级职称人员的工资还不如事业单位"看门的人"

工资高！同等学力、同期毕业的本科生，事业单位工作人员的工资是企业单位工作人员工资的数倍，这是一种极不正常极不合理的状况。从 2005 年开始，政府着手逐年调整企业高职称工作人员的工资，我们的生活压力也逐年减轻。我一直工作到七十岁才结束了我的临床外科手术工作。